AF139113

Meine Freundin, die Panikattacke

Bibliografische Information der Deutschen Nationalbibliothek:

Die Deutsche Nationalbibliothek verzeichnet diese Publikation in der
Deutschen Nationalbibliografie; detaillierte bibliografische Daten sind
im Internet über dnb.dnb.de abrufbar.
© 2019 Paulina Tsvetanova
Übersetzung aus dem Bulgarischen:
Paulina Tsvetanova
Korrektur & Lektorat: Paulina Tsvetanova,
Marcel Simon, Sandra Lisietzky
Coverdesign: Vladimir Rachev
Illustration Buchcover: Ronny Anto
Herstellung und Verlag:
BoD – Books on Demand, Norderstedt
ISBN: 9783734743023

PAULINA TSVETANOVA (HRSG.)

Meine Freundin, die Panikattacke

von Vanesa Videnova

Vorwort

Die Panikattacke war lange meine treue Begleiterin. Es ist immer einfacher im Nachhinein darüber zu reflektieren. Wenn Du Dich in so einer existenziellen Situation befindest, kannst Du sie nicht als positiv und fördernd empfinden. Sie ist aber nun ein fester Bestandteil von mir, wie meine Zwillingsschwester, die in verschiedensten Existenzformen in meinem Leben präsent ist. Die Sehnsucht nach dem Einssein mit ihr, die Trauer über die Trennung von ihr. Die Suche nach einem Ersatz für sie. Der Schrei nach ihrer bedingungslosen Liebe.

Ich habe Frieden geschlossen. Ich habe aufgehört, gegen meine Ängste zu kämpfen. Weil ich diesen Kampf verloren habe. Es fühlte sich an wie ein Kampf gegen mich selbst. Wir werden nie zu 100 % ergründen, warum uns gewisse Dinge zu einem gewissen Zeitpunkt geschehen. Wir können vieles hineininterpretieren. Wir werden auch nie wirklich wissen, was uns wirklich geholfen hat, da raus zu kommen. Vor allem wenn wir sehr viele verschiedene Hilfsmittel anwenden und zu viel tun. Ich habe beschlossen aufzuhören, nach ultimativen Lösungen für Zustände zu suchen, die ein Teil meiner Natur sind.

Wie zum Beispiel die panischen Ängste, die mich seit 35 Jahren, seitdem ich auf dieser Erde bin, begleiten. Die eiskalte, eiserne, lähmende Panikattacke ist nur eine Facette davon. Es geht um tiefgreifendere Schätze. Es geht an die Substanz. Die Angst zu lieben, weil sie Dich daran erinnert, dass Du verdammt noch mal am Leben bist. Das Leben, dass Du so lange unterbewusst abgelehnt hast. Angst vor dem Tod aus Liebe zum

Leben. Wenn Du keine Angst hättest, wärest Du schon längst tot. Aber ist es wirklich eine Angst vor dem Tod, oder eher eine vor dem Leben?

Das Leben, dass Du Dich noch nicht traust, zu leben, weil Du darauf konditioniert bist, dass Du immer Angst haben musst, wenn Du glücklich bist. Musst Du Glück und Gesundheit verdienen? Etwa dafür leiden, Dich aufopfern? Also unglücklich sein, um später glücklich zu sein? What the fuck bist Du für ein Teufel, Du nackte Panik!

Ein Symptom nach dem anderen. Und wieder von vorne. Und von hinten. Kreislauf. Teufelskreis. Reicht es nicht, dass Du am Leben bist? Ja, dafür waren die Panikattacken gut. Sie haben mich immer ins Jetzt geholt! Sie haben mir erlaubt, eine Intimität mit mir selbst zu spüren, die ich im lebendigen Alltag offensichtlich nicht zulasse. Sie haben mir meine Grenzen gezeigt. Sie haben mich an meine Endlichkeit erinnert, daran, dass ich nur dieses eine Leben habe. Daran, dass ich mich permanent überfordere, weil ich noch gefallen, mich beweisen möchte, weil ich gelernt habe, dass man sich sehr anstrengen muss, wenn man etwas werden will. Sie haben mir gezeigt, dass ich eigentlich gar keine Kontrolle habe. Und das ist so ein schöner Traumzustand. Da zu liegen und jeden Moment Deinen Tod zu erwarten und immer noch festzustellen, dass sich das Leben durchsetzt. Das war bei mir schon immer so.

Vielleicht hänge ich zu viel am Leben. Vielleicht muss ich, kann ich, will ich zu viel. Komplettes Loslassen. Sich fallen lassen. Sich ergeben. Stille. Leere. Nichts. Nur im Nichts ist die Fülle zu fühlen. Denn die Sehnsucht nach der Zwillingsschwester kann man nicht stillen. Ich darf mich endlich selbst körperlich spüren. Ohne Zwangsgedanken an Krankheiten, Mängel, Selbstkasteiung, Selbstkontrolle.

Was will mir mein Herz sagen? Warum ist mein Herz so laut? Solange ich am Leben bin, schlägt das Herz in seinem Rhythmus. „Ich komme sonst so selten zu Wort. Endlich raus aus diesem Körper. Ich möchte nur noch nach Hause. In Ruhe". Ich hatte aber Angst vor meinem Herzen. Vor der Fülle im Bauch. Vor mir selber. Vor der Nacht, der kleinen Schwester des Todes. Todessehnsucht oder Lebenshunger? Schlussendlich ist es doch egal.

Wie kam ich zum Buch von Vanessa Videnova? Per Zufall entdeckte ich ihren Youtube-Kanal und war sofort von ihrer exzentrischen, unorthodoxen Art zu sprechen beeindruckt. Ihr Humor, ihr Scharfsinn, die Zusammenhänge, die sie erkennt, ihre Kreativität und das ungeheure Wissen, das sie schon in so jungen Jahren besitzt. Woher weiß sie das alles? - fragte ich mich. Wow, wie sie jahrtausendealte Weisheiten poetisch, romantisch, tiefsinnig und zeitgemäß auf den Punkt bringt. Dann war ich komplett verblüfft, als ich entdeckte, dass sie selbst mit Panikattacken gekämpft hatte und sogar ein Buch darüber geschrieben hat. Also hatte ich den spontanen Einfall, ihr Buch vom Bulgarischen (meiner Muttersprache) ins Deutsche ehrenamtlich zu übersetzen. Vanessa ist sehr glücklich, einige „Panikfreundinnen" im deutschsprachigen Raum zu erreichen. Cheers!

Paulina Tsvetanova
(Herausgeberin)

ÜBER DIE AUTORIN

Ich bin Vanesa Videnova, ein dreiundzwanzig Jahre altes Mädchen, das eine Nacht in einem Alptraum aufwachte. Ich war mir sicher, dass mein Leben nie wieder dasselbe sein wird. Diese Erfahrung war so aufrüttelnd und stark, dass sie mich den Frieden meines Verstandes für die kommenden Monate kostete. Abgesehen davon, dass ich es überlebte, erwies es sich als Schlüsselmoment in meinem Leben. Es war nicht das schrecklichste und destruktivste Ereignis schlechthin, ganz im Gegenteil, es war eine Chance für meine komplett neue, mit Sinn durchtränkte Geschichte!
Irgendwie fühlte ich mich dazu verpflichtet, alles in meiner Macht Stehende zu tun, damit keiner diesen drohenden Untergang erlebt, wie ich in meiner ersten starken Panikattacke. Zunächst habe ich ein Video gedreht und es im Internet hochgeladen. Ich habe meine Erfahrung mit der Panikattacke beschrieben, und Ratschläge und Anleitungen gegeben. Zu meinem großen Erstaunen erwies sich das Video als äußerst nützlich für viele Menschen, aber da es spontan aufgenommen wurde und viele Informationen nicht enthielt, fielen eine Reihe von Fragen an und irgendwann kam ich nicht hinterher, alle zu beantworten. Auf der anderen Seite fühlte ich mich für einige Fragen nicht qualifiziert genug. Und nun musste dieses Buch entstehen, als Ergebnis der Zusammenstellung vieler fundierten Studien zu den Panikattacken, aufgerundet mit den Erfahrungen am eigenen Leib.

Das Problem ist, dass ...

Du überhaupt keinen Grund hast, ein Wort von dem zu glauben, was Du in diesem Buch liest. Ich habe weder Psychologie, noch Medizin studiert. In der Tat kann ich mich auf keinem Gebiet als Spezialistin bezeichnen. Meine große Leidenschaft ist die Astrologie, und wenn Du dem gegenüber skeptisch bist, darfst Du dieses Buch natürlich weglegen.

Was ich jedoch glaube, ist, dass eine Person, die persönlich mit Panikattacken zu tun hatte, dieses Problem auch mit anderen Mitteln vertieft lösen kann. Ich bin nicht gegen irgendwelche Fachleute, die sich damit befassen, aber ich bin gegen Diagnosen und Verschreibung von Medikamenten, die auf lange Sicht schaden können.

Also habe ich beschlossen, alleine zu handeln – wovon Dir jeder Spezialist wahrscheinlich abraten würde, weil es fahrlässig sei. Aber ich habe es selbst geschafft, und bin zuversichtlich, dass ich Dir helfen kann. Von hier an liegt es an Dir, zu entscheiden, ob Du es mir erlaubst. Ich weiß nicht viel und ich weiß sicherlich nicht alles, aber was ich verstanden habe, teile ich gern mit Dir. Denn manchmal findest Du Trost, wenn Du spürst, dass Du nicht alleine bist - mit Deinen Problemen, den täglichen Kämpfen, in der Frustration und Verzweiflung. Wenn Du merkst, dass es andere mit ähnlichen Problemen gibt, die trotzdem oder gerade deswegen glücklich und erfüllt leben, findest Du auch die Kraft in Dir, aufzustehen und mit einem Lächeln vorwärts zu gehen. Ich verspreche Dir keine magische Pille oder eine schnelle "Heilung", denn Du wirst verstehen, dass dies nicht einmal mein eigentlicher Wunsch ist.

Was ich hoffe zu erreichen ist eine Transformation der Angst und Erlösung der Panikattacke; die andere Seite der Medaille zu spüren, auf der dieser "kranke Zustand" Dich nicht mehr behindert, sondern Dich übermenschlich macht; damit Du aufhörst, Dich für Deine schmerzhafte Vergangenheit als Opfer zu sehen, und stattdessen die Türen willkommen zu heißen, die sich durch Deine Panikattacken eröffnet haben.

Wenn ich das auch nur mit einer Person schaffen kann, hat sich dieses Buch für mich schon gelohnt.

WIE ALLES BEGANN

Dies ist kein typisches Selbsthilfebuch, mit dem Du möglicherweise gerechnet hast. Ich werde versuchen, meine Gefühle in den Monaten vor und nach meiner ersten starken Panikattacke wieder zu rekonstruieren, und sie waren ungefähr so:

Ich wache abrupt im Bett auf. Ich sehe mich um. Das Zimmer sieht normal aus, aber irgendwie anders. Mein Kopf ist schwer. Ich vermute, ich habe etwas Schreckliches geträumt, mein Kopf fällt schwer wieder aufs Kissen hin und ich versuche, meine Augen zu schließen. Mein Herz macht mir jedoch Angst, weil es rasend schnell schlägt. Ich beginne langsam zu begreifen, dass dies nicht nur ein schlechter Traum ist. Was ... was ist los? Etwas stimmt mit mir nicht. Ich fühle meinen Körper komisch. Meine Bewegungen sind entweder sehr schnell oder die Zeit scheint sich zu verlangsamen. Ich weiß nicht, was ich habe, aber etwas stimmt nicht und ich möchte wissen, was es ist. Juckreiz. Das Herz rast und rast. Der Puls ist so beschleunigt und stark, stärker als meine Gedanken, ich dreh wahrscheinlich durch... Oder, ich sterbe! Ich habe wirklich Angst um mein Leben. So soll das wirklich enden? Aber ich hatte doch so viel zu tun, mein Leben hat erst jetzt angefangen ... ich kann jetzt nicht sterben! Ich möchte jetzt nicht sterben. Was ist los mit mir? Warum musste es mir passieren? Ich fühle mich so allein, und dieses schreckliche Gefühl geht nicht weg, warum geht es verdammt nicht weg?
- Hilf mir - es kommt gerade noch raus nur aus meinem Mund, wie ein Flüstern.

Der Raum ist dunkel. Er schläft, er kann mich nicht hören. Warum will er mich nicht hören? Ich bin offensichtlich im Sterben und es ist ihm egal!

- Bitte wach auf! Ich packe ihn an der Schulter und schüttle ihn mit aller Kraft.

- Was gibt's denn? - antwortet mein Freund, im Halbschlaf, seine Stirn runzelnd.

- Etwas stimmt mit mir nicht, etwas stimmt nicht – schieße ich raus.

- Was ist los?

- Ich weiß es nicht, aber ich sterbe, bitte tu was! Ich werde hysterisch.

Er hebt sich langsam, schüttelt den Kopf und wir beginnen ein "Gespräch", das ich kaum hören kann, geschweige denn dem zu folgen. Ich falle unbehaglich aufs Bett, Schüttelfrost erschüttert meinen ganzen Körper, es friert mich. Mein Mund ist so trocken, dass ich nicht schlucken kann, aber gerade ist das meine geringste Sorge. Ich sehe ihn vor mir, seine Lippen bewegen sich, wahrscheinlich sprechen sie, aber meine Gedanken schweifen in hunderttausend Richtungen. Ich habe keine Zeit, sie zu hören. Ich höre ihn in der Ferne. Er versteht mich nicht. Er sagt, alles sei gut. Alles ok? Nein, nichts ist okay! Ab jetzt wird alles anders sein ... Was versuchst Du mir überhaupt zu sagen? Du wiederholst immer wieder die gleichen Dinge, die mir nicht helfen! Du siehst es nicht, verstehst es nicht, Du kannst es nicht verstehen! Es geht Dir gut, und mir nicht, Du kannst es nicht verstehen!

"Es ist größer als Du ..." Ich weiß nicht, ob ich es laut ausgesprochen habe oder es nur gedacht habe. Ich erlebe eine große Verzweiflung und Todesangst, die an der Tür zu klopfen scheint. Ich bin zermalmt. Ich fühle meinen kranken Körper und obwohl ich weiß, dass ich nicht er bin, lebe ich in ihm und es gibt keine Fluchtmöglichkeit. Stop! Stop Stop! Hör auf damit, Vanessa! Und das in mir, dieses schreckliche Gefühl - was ist das? Weg, raus hier, verpiss Dich! Oder ich muss mich auflösen! Es muss einfach vorbei sein! Was ist los mit mir, warum passiert es mir, was ist es, wird es jemals vorbei sein?

Sausen in den Ohren. Ich fühle alles. Ich sehe alles. Warum? Warum sollte ich alles so klar und detailliert wahrnehmen? Ähhhm? Was? Er redet wieder mit mir. Was erzählst Du mir? Ich möchte Dich hören, aber ich kann nicht. Ich habe Angst, so viel... Was sagst Du mir? Ich möchte weinen, schreien... Ich möchte, dass es endlich aufhört! Ich möchte eine Spritze kriegen und euthanisiert werden! Ich möchte bewusstlos sein. Ich möchte aufhören ... aufhören...

"Atme!" - höre ich gedämpft.

Ich schaue auf. Beide kniend sitzen wir gegenüber auf dem Bett. Er spricht zu mir mit einem leichten Lächeln, aber in seinen Augen spüre ich die Angst. Das Lächeln ist eine Maske. Ich weiß, dass er mich nicht erschrecken will. Er möchte, dass ich glaube, dass alles in Ordnung ist, so ist es aber nicht. Ich sehe wie sich meine Angst in seinen Augen widerspiegelt. Er weiß, dass in meinem Kopf etwas Schreckliches passiert.

"Atme tief durch. Atme langsam."

Meine Hände suchen nach seinen und krallen sich an ihm mit steifen Fingern fest. Ich atme tief durch, in Schnappatmung, alles erschaudert. Ich kann nicht richtig atmen, ich kann nicht einmal ruhig atmen.

"Atme langsam aus."

Die Luft verlangsamt sich aus meinen Lungen. Ich höre nicht auf zu zittern, aber es scheint langsam auszuklingen. Vielleicht klappt es. Vielleicht geht es mir gut. Nein! Oh, nein, nein! Dieser Gedanke wird von einer erneuten Panikwelle angegriffen, die mich noch schwerer einfängt. Ich sterbe. Ich bin schon sicher, dass ich im Sterben bin! Warum passiert mir das alles.

Ichsollverschwindenesollweggehenstoppenaufhören! Was habe ich, warum passiert es mir, was ist es, ich möchte sofort damit aufhören, warum hört es nicht auf?! Ich runzele die Stirn fest.

"Vanessa, Vanessa! Schau mich an, sieh mich! Ich bin hier. Atme, atme einfach tief durch..." Ich öffne meine Augen, er ist nicht gegangen. Neben mir ist er, er will mir helfen.

"Atme ein!"

"Atme ein!" - ich wiederhole mechanisch nach, damit ich meine Gedanken davon abhalte, andere Sätze im Kopf zu bilden.

"Ausatmen!" Ich presse die Luft aus wie beim Luftballonaufblasen. "Verstehst Du? Alles ist gut", lächelt er.

Für einen Sekundenbruchteil schleicht sich ein Lächeln auf mein Gesicht. Ich höre nicht auf zu atmen. Ich atme ein. Und aus. Langsam. Es scheint mir besser zu gehen. Es ist jetzt vorbei. Aber ... wird es wieder kommen!? Eine neue Welle der Panik kündigt sich an. Die Idee, dass dieser Zustand von nun an mein Leben bestimmen wird, schleicht sich dezent ein. Es kann nicht sein, ich will es nicht. Meine Physiognomie verändert sich. Ich sehe in seinem Gesicht mein Spiegelbild. Sein Lächeln verschwindet.

- Hey, hey...schau mich an! Hör auf meine Stimme!

- Nein, ich kann nicht. Ich möchte raus! Ruf einen Krankenwagen an, ich möchte sofort weg von hier! Ich stehe auf und gehe zur Terrasse. Ich will raus, ich will nicht hier sein, ich will damit aufhören!

Ich öffne die Tür und schreie. Ich schreie mit all meiner Kraft. Ich höre das Echo in den benachbarten Häusern und erschrecke selbst davon. Ein Schrei voller Schmerz und Qual, wie hervorgerufen von einer Klinge, die meinen Körper durchbohrt. Habe ich das wirklich gespürt? Zwei Hände halten mich an meinem Brustkorb fest, sie heben mich hoch und bringen mich zurück ins Schlafzimmer.

"Alles wird gut, ruhig! Beruhige Dich jetzt einfach!"

Ich höre die Verzweiflung in seiner Stimme. Er will stark sein, weiß aber nicht wie. Er weiß, dass seine Hilfe nur bis zu einem Punkt reicht, danach bin ich dran. Und ich bin ein Wrack. Und ich sehe, dass er es genauso empfindet. Unsere Gedanken sind wie silberne Fäden in der Luft in diesem Raum. Ich sehe die Dinge, die es nicht gibt, und ich spüre die Gefühle, die ihn vereinnahmen. Ich mache ihm wahrscheinlich Angst. Ich bin mir dessen sicher, weil ich für mich selbst unheimlich bin. Ich bin das nicht. Ich fühle die Nerven in meinem Gesicht spielen. Ich sehe aus wie eine Marionette. Als ob jemand die Fäden im Hintergrund ziehen würde, die für die Muskeln meiner linken Wange verantwortlich sind. Sie zittert. Das bin ich nicht. Ich möchte dass es aufhört, ich will mich nicht so sehen. Ich stolpere, gehe auf die Toilette und sperre mich ein. Er kommt mir direkt hinterher und lehnt sich an die Tür an, die ich in sein

Gesicht knalle.

- Hey...tu das nicht. Geht es Dir gut? Mach mir auf.

- Ich bin hier sicher - denke ich wieder laut. Ich wundere mich, dass ich mich ausgerechnet hier sicher fühle. Langsam kehrt Entspannung ein. Ich schließe den Deckel und setze mich. Ich beginne wieder tief zu atmen.

- Mach mir auf - höre ich ihn auf der anderen Seite der Tür demütig flüstern.

- Ist schon gut. Lass mich ein bisschen hier. Ich verspreche Dir, ich komme bald raus. Mir geht es hier gut - erwidere ich schnell und unklar.

Das Sprechen ist so schwierig gerade. Ich bewege mich von der Toilettenschüssel auf die Bodenfliesen. Es erscheint mir logisch. Nach einer Sekunde merke ich, dass es überhaupt nicht ist, aber ich fühle mich besser, dass ich es getan habe. Ich atme weiter tief. Ich höre ihn wie er weggeht und eine Tür öffnet. Er ist nicht mehr an der Badezimmertür. Ich atme weiter. Ich bin immer noch gestresst und weiß nicht, was los ist, aber ich habe keine andere Wahl, als weiter und tier zu atmen. Nach einigen Minuten, die mir wie eine Ewigkeit vorkommen, komme ich heraus. Er sieht mich erwartungsvoll an. Ich zittere immer noch leicht und setze mich aufs Bett. Ich möchte darüber diskutieren, aber gleichzeitig möchte ich nicht darüber nachdenken. Ich beschließe, direkt ins Bett zu gehen. Ich habe Angst, einzuschlafen. Die Lampe soll an bleiben. In der Dunkelheit kehrt das Gefühl zurück, auch mit der Wärme der Bettbezüge auf meinem liegender Körper. Was soll ich tun? Wie soll ich damit leben? Was ist überhaupt "damit"? Bin ich komplett durchgeknallt? Ich wusste schon immer, dass ich eines Tages durchdrehen werde, aber ich hatte nicht damit gerechnet, dass es so bald passiert. Wenn dies von nun an mein Leben sein soll, möchte ich nicht leben. Ich will es wirklich nicht. Ich schlafe ein. Ich wache am Morgen auf. Allein. Er ist zur Arbeit gegangen. Die Sonne scheint und berührt mein Gesicht sanft. Ich fühle mich gut und entspannt. Und dann denke ich wieder...

Was passierte heute Nacht, verdammt noch mal?

WAS IST EINE PANIKATTACKE?

Panikattacke. Das erfuhr ich nach einer gründlichen Internetrecherche meiner Symptome, an denen übrigens auch Menschen mit mindestens drei unheilbaren Krankheiten leiden (verbleibende Lebenserwartung: 1-2 Tage!). Ich hatte wieder Glück. *Nur* eine Panikattacke.
Was ich über sie verstanden habe:

1. Viele Menschen bekommen Panikattacken.

Erleichtert mich einigermaßen. Ich weiß, es ist schrecklich, so etwas zu sagen, aber es ist eine Tatsache. Ich fühle mich nicht besser, weil die anderen leiden, aber ich fühle mich besser, weil ich nicht alleine und offensichtlich nicht verrückt bin. Anscheinend nicht so selten, dass es noch niemanden sonst getroffen hat. Ich verstehe auch mit großer Erleichterung, dass es nicht unheilbar ist - man kann die Panikattacke heilen. So weit, so gut, sogar sehr gut. Je mehr Menschen betroffen sind, desto mehr Informationen gibt es überall, oder? Es gibt ganze Foren und Gruppen in sozialen Medien, die sich diesem Thema widmen, kurz und gut - alles wird gut. Irgendwo gibt es die Wahrheit und die Pille, die mich heilen könnte.

2. Die charakteristischen Panikattacken-Symptome sind:

- Herzklopfenzittern
- schwitzen
- Schwindel
- Desorientierung
- starke Angst

- Zustand ständiger Angst ohne bestimmte Ursache
- Gefühl von mangelnder Kontrolle
- Angst vor Ohnmacht
- Angst vor einem Herzinfarkt oder einer direkten Todesangst
- Hyperventilation
- Hitze- oder kalte Wallungen am ganzen Körper
- Taubheit der Gliedmaßen
- hoher Druck und Kopfspannung
- Kopfschmerzen
- Sausen in den Ohren
- Kloß im Hals, in der Brust oder im Bauch
- Übelkeit
- totale Verwirrung
- Dissoziation mit der Realität - alles scheint unwirklich.

Zumindest weiß ich, dass es definitiv eine Panikattacke ist und ich mache mich nicht verrückt. Ich fühle mich nicht überwältigend, dass ich mich selbst diagnostiziert habe, aber ich bin mindestens froh, dass ich *nicht in der Klapsmühle landen muss*.

3. Die Panikattacke dauert nicht länger als 3-4 Minuten.

Nö. Nein. Einfach nicht. Es kann nicht sein. Die ganze Episode dauerte mindestens eine halbe Stunde, und die Symptome hielten mindestens 15 Minuten an. Aber wer weiß, Zeit ist ein ausgedehntes Konzept, wenn man sich in einem solchen Zustand befindet.

4. Die Menschen erleben lange nach der Panikattacke störende und unangenehme Empfindungen. Die verwirrenden, starken und erschreckenden Gedanken bleiben auch nach einiger Zeit erhalten. Die häufigsten sind Angst vor Ohnmacht, Herzinfarkt oder Schlaganfall, Verrücktwerden oder Ersticken.

Interessant ist jedoch, dass die Angst nicht nur hirnrissig, sondern auch komplett irrational ist. Es gibt keine Hinweise darauf, dass man von einer Panikattacke sterben kann, dadurch einen Herzinfarkt erleiden, verrückt werden oder ersticken kann. Ein wenig traurig bin ich jedoch, dass es keinen Knopf zum Ein- und Ausschalten irgendwo an meinem Körper gibt, wodurch ich mich „hopplahopp" resetten könnte. Da sagt das Universum ganz klar "Nein" und lässt mich schön intim mit meiner Angst.

Die Panikattacke ist wie ein ungebetener Gast, und dazu - mit einer kühlen Waffe in der Hand. Er spaziert einfach hinein, geht in die Küche, kocht sich einen Kaffee, tut dazu seinen Zucker rein und trinkt ihn ganz langsam und genüsslich, während Du einfach da stehst und vor lauter Entsetzen keinen Platz findest. Er tut Dir nichts und scheint Dich nicht zu bemerken, er ist ein Fremder, offensichtlich ein kompletter Psychopath. In Deinem Haus. Mit einem Messer in der Hand. Du hast keine andere Wahl, außer hysterisch zu werden, aber gleichzeitig hast Du zu viel Angst, Dich zu bewegen. Nach einer Weile steht er langsam auf und stellt sein Glas in die Spüle. Er geht an Dir und Deinen zitternden Knien vorbei, öffnet die Wohnungstür und schließt sie hinter sich. Für mich verkörpert die Panikattacke genauso ein Gefühl. Das Gefühl, das in Dir eine ähnliche Geschichte hinterlässt, ist nur "Was ist gerade passiert?" Und es gibt keinen Menschen auf dieser Erde, der Dir diese Frage beantworten kann. Bestenfalls denkst Du, Du würdest halluzinieren. Du bist Dir jedoch so was von bombensicher, dass Du dieses Gefühl nie wieder spüren möchtest.

Was mich dazu brachte, tiefer zu graben und die Panikattacke als rein physiologischen Prozess zu erforschen. Es wurden mir einige wichtige Punkte offenbart, wovon jeder, der diese Erkrankung verstehen möchte, Kenntnis nehmen sollte.

Ursache

Der erste Schritt ist unser X in dieser Gleichung. Alles andere ist ein bestimmter Wert, aber die Urursache bleibt manchmal für immer ein Rätsel, sogar Jahre, nachdem eine Person "geheilt" wurde.

Thalamus

Es ist eine Struktur im Mittelhirn, die alle Informationen verarbeitet, die unsere Sinnesorgane erhalten. Die Wissenschaftler haben erwiesen, dass der Thalamus während einer Panikattacke buchstäblich "leuchtet", was auf Fotos eines Gehirnscanners deutlich sichtbar ist. Die Aktivität in diesem Teil des Gehirns wird verstärkt, sodass wir möglicherweise viel mehr als sonst wahrnehmen. Ich persönlich sah keine "besonderen" Dinge, aber ich war mir des Stroms bewusst, der durch jedes Kabel in meinem Zimmer floß, und ich wollte, dass jedes Gerät mindestens anderthalb Meter von mir entfernt bleibt. Ich dachte, meine Katze könnte beruhigend auf mich wirken, aber als ich mich ihr näherte, fühlte ich mich sofort von dem starken Magnetismus abgestoßen, den sie ausstrahlte. Für manche klingt das nach einer kompletten Fiktion, andere fänden es "sehr cool". Ich kann garantieren, dass es sehr schwierig, wenn nicht sogar unmöglich ist, Deine "neuen Superhero-Fähigkeiten" ohne das notwendige Verständnis und Bewusstsein dafür zu nutzen. Am Anfang spürst Du nur Angst, Panik und mangelnde Kontrolle darüber, was Dir gerade passiert.

Amygdala

Dieser wunderbare Mini-Teil des Gehirns ist für unsere Reaktion in extremen Situationen verantwortlich. Die Amygdala mobilisiert den gesamten Organismus, damit er überleben und sich beispielsweise vor einem riesigen Bären retten kann, der im Wald auf Dich zugelaufen kommt. Bei Panikattacken ist jedoch....nicht viel zu retten. Am Häufigsten tritt das Gefühl plötzlich auf und Du musst sofort fliehen. Dein Körper sagt: "Lauf! Etwas sehr Unheimliches passiert! Sei wachsam. Sei bereit, Dich ins Feuer zu werfen!" Wenn Du bis eben gerade eine Seifenoper auf der Couch liegend angeschaut hast, springst Du plötzlich auf und fängst verdächtig an, in Deinem eigenen Zimmer nach etwas zu suchen. Dann wird

Dir innerhalb von Sekunden kristallklar, dass nichts Interessantes, geschweige denn Beängstigendes gerade passiert ist. Weder ist ein Dieb eingebrochen, noch gibt es ein Feuer, eine Flut oder was auch immer. Es ist, im Gegenteil - alles so völlig normal, dass Du keine andere Wahl hast, als zu glauben, Du hättest Dich endgültig geirrt, weil Du Dich so gefühlt hast.

Adrenalin

Die Amygdala setzt schnell Adrenalin in Dein System aus, der wiederum alle Prozesse im Körper ums Hundertfache beschleunigt, um der Gefahr zu entkommen ... welcher auch immer. Sodass Dein Bewusstsein wie wild die vermeintliche Gefahrsituation erfahren möchte, die leider kein bisschen gefährlich ist. Der Blutzucker steigt ebenfalls an und sammelt sich in den Muskeln, um sich in Energie umzuwandeln. Du fängst an zu zittern, Dein Herz - wie verrückt zu schlagen, das wiederum die Durchblutung und Zirkulation von Blut zu den Extremitäten erhöht, und dies hilft sie theoretisch optimal zu benutzen. Weil Du ein dringendes Bedürfnis danach hast... im Bett zu sitzen. Kein Wunder also, dass Deine erste Annahme ist, dass Du verrückt bist oder im Sterben liegst. Sicherlich passiert etwas im Inneren, aber es ist kein Herzinfarkt, Schlaganfall oder eine psychische Störung. Ich nenne es nur einen *Fehler im System*.
Du musst Dir die Panikattacke wie hohes Fieber vorstellen - sie taucht plötzlich auf und ist besonders unangenehm, aber sie trägt eine edle Mission und zielt darauf ab, Deinen Körper zu

schützen. Und während das hohe Fieber, das Dich rettet, Dich auch töten kann, ist die Panikattacke eine Schauspielerin, die Dich nur denken lässt, Du könntest wirklich sterben (ah, die Wunder des menschlichen Körpers!). Sie ist dennoch auch ein natürlicher Abwehrmechanismus, der nicht immer ganz adäquat ist. Sie sammelt Informationen über alle Dinge in Deinem Leben, die Stress im Körper verursachen, vor allem wenn Du dies nicht als Stress empfindest. Wenn sich ein solches Ereignis wiederholt, ist sie bereit und gibt die Anweisung: *"Mach den Adrenalin-Hahn auf!" Zeit für Kampf!*

Die ganze Funktionsweise der Amygdala ist wunderbar, aber auch irgendwo bescheuert. Nehmen wir an, Dein Chef macht Ärger, und ruft Dich jeden Tag in sein Büro, meckert, nörgelt und beschwert sich über dies und jenes, was Deine Gesundheit auf Dauer ruiniert. Am nächsten Tag triffst Du zufällig eine Person mit dem gleichen Parfüm wie Dein Chef, und selbst wenn Du es nicht bemerkst, erinnert sich die Amygdala! Das kleine Biest spürt den Duft, die Gefahr und bereitet Deinen Körper sofort auf den Kampf vor. Infolgedessen löst die Begegnung zwischen Dir und dem Mann auf der Straße plötzlich die Panikattacke aus, wo mehr als offensichtlich ist, dass sie in der spezifischen Situation keinen Sinn macht. Dies ist jedoch nur ein banales Beispiel. In den meisten Fällen sind die Dinge nicht so einfach, und unsere Zahl X ist vielleicht nicht einmal ein Ding, sondern entspricht einer weiteren Gleichung mit einigen wenigen Buchstaben. Nur Mut!

Nachdem ich am nächsten Morgen dank dem lieben Google alles, was man über den Prozess des Geschehens der Panikattacken wissen muss, verstanden zu haben schien, fühlte ich mich wirklich erleichtert. Ich habe die Panikattacke durchschaut. Ich weiß, wie sie passiert und was sie verursacht - etwas, das nicht in mir ist, aber da draußen. Es hat mich getröstet. Aber in den nächsten Tagen war ich extrem labil und ich hatte ständig Angst, dass das Gefühl wiederkommen könnte, also saß ich von morgens bis abends zu Hause. Ich wollte mich in ein Knäuel verwandeln. Ich wollte nicht mehr leben, obwohl ich mich jetzt wieder ganz "normal" fühlte.

Die Angst vor der Angst ist das Gefährlichste und der schwierigste Teil des gesamten Heilungsprozesses. Lässt Du es einmal zu, dass sie in Deinen Alltag eindringt, dann hast Du freiwillig die verheißende, verkettete Opferrolle angenommen, die man als Panikstörung und Agoraphobie bezeichnet. Und obwohl die Panikattacke für uns nützlich sein könnte, sind die beiden Abzweigungen davon sicherlich nicht der Fall.

Panikstörung ist die Angst davor, etwas zu tun, von dem Du denkst, dass es eine nächste Episode der Panikattacke auslösen wird – das heißt die Angst vor der traumatischen Erfahrung selbst. Dies hilft keinem, denn die Panikattacke, verteilt über die Zeit, Dich so sehr einschränkt, dass Du aus Angst nichts mehr tust. Du befindest Dich plötzlich in einem Kreislauf des Schreckens, weil Du nicht mehr wie bisher leben kannst, was genauso wunderbar ist.

Agoraphobie ist eine Angst vor Situationen, in denen Du nicht schnell an den Ort gelangen kannst, an dem Du Dich sicher fühlst, und dies passiert meistens, wenn Du draußen unterwegs bist. Das Zuhause zu verlassen oder zu reisen ist fast nicht mehr machbar, weil Du Dich furchtbar fragil und verwundbar fühlst und Angst hast, dass Dir keiner helfen würde, wenn sich Dein Zustand verschlechtern würde.

Für eine Person, die nicht die Last der Angststörungen trägt, mag das alles lächerlich klingen, aber jeder, der nur eine einzige Panikattacke in seinem Leben hatte, weiß genau, wie lange der Geschmack von Angst verbleibt. Wenn Du all diese Empfindungen zusammenfasst, entsteht dieser angenehme Körper-Geist-Zustand, in dem Du Dir mindestens drei Schüsse in den Kopf geben möchtest, wobei Du stark daran zweifelst, dass sich nach dem ersten was ändern würde. Ich muss Dir das nicht erklären, Du interessierst Dich wahrscheinlich vielmehr dafür, wie Du dieses „Wunder" aus Deinem System verscheuchen kannst. Aber um dorthin zu gelangen, muss ich mit meiner Geschichte fortfahren.

Zu einem bestimmten Zeitpunkt hatte ich das Gefühl, alles in der Welt über die Panikattacke und die Panikstörung gelesen zu haben, was mich auf den Gedanken brachte, dass das kein Leben mehr sei. Ich machte mir Sorgen, ich dachte seltsame Dinge, ich fühlte mich jeden Tag merkwürdig, aber ich wollte es nicht zulassen, dass dieser Zustand alles, was vor mir lag, zerstört. Zumindest hatte ich so viele Sommerfeste in meinem Kalender eingetragen, die alle zum Reisen und Übernachten an anderen Orten einluden. An diesem Punkt schien es mir jedoch unmöglich, sogar zu einem einzigen Event zu gehen. Ich erinnere mich, dass alle Gespräche mit meinem Freund über dieses Thema völlig einfältig waren. Ich redete, als ob ich diesen Sommer nirgendwohin gehen würde, und das war nicht einmal eine Frage der Diskussion. Er war verwirrt, weil er fühlte, wie unglücklich ich mich fühlte, so scheinbar absurd zuzugeben, dass das Seil so eng um meinen Hals gewickelt war, und gleichzeitig konnte er mich nicht überzeugen, weil mein inneres Verlangen da rauszukommen, schwächer als die Angst selbst war. Ich war in ständigem, stillem Entsetzen. Ich weinte unaufhörlich, weil mir das schwierige Szenario, in das ich so schleichend reingetappt war, sehr bewusst war.

Ich begann Psychologen und Psychiatern zu schreiben. Vanessa, die Studentin, hatte jedoch kein zusätzliches Geld, und das Minimum von dreißig Leva für eine Sitzung war ihr zu viel. Ich hatte jedoch das Gefühl, dass dies nicht mein Hauptproblem war. Ich glaubte einfach nicht, dass eine andere Person in der Lage war mir zu helfen. Wie bei vielen Dingen in meinem Leben beschloss ich, meiner Intuition zu vertrauen und keinen Guru zu suchen. In manchen Fällen kann eine solche Selbstüberzeugung selbstzerstörerisch sein, also nimm mich bitte nicht beim Wort. Es schien mir gerade angemessen zu sein.

Interessanterweise wusste ich noch nicht einmal, dass ich schon vor Jahren Panikattacken gehabt hatte. Vor kurzem erzählte mir meine Mutter, dass ich als Kind nachts öfters mal ganz merkwürdige Zustände hatte – bin öfters aufgewacht, habe geweint, den Raum ganz verwirrt durchquert. Sie wusste nicht, was ich hatte. Ich war erstaunt, weil ich mich an nichts davon erinnere, aber offenbar gehören Panikattacken schon seit eh und je zu meinem Leben. Später tauchten ähnliche Zustände auf, aber ich habe sie einfach anders genannt. Sie passierten nur nachts, und ich habe sie nicht als ernstes Problem empfunden, da ich schnell danach einschlafen konnte. Damit Du nun das komplette Bild hast, erzähle ich Dir wie es weiterging.

3 UHR MORGENS

Ich erinnere mich nicht genau an das erste Mal, als es mir passierte, aber an die folgenden Male, die am häufigsten auftauchten, als ich an einem anderen Ort geschlafen habe. In der Tat passierte mir Folgendes: Ich wachte um exakt drei Uhr morgens furchtbar erschrocken auf. Ohne zu wissen, was los ist, mit einem fiebrigen Gefühl, dass ich eine "Aufgabe zu lösen" habe und ohne ein klares Verständnis von dem, was es ist, was mich total irritierte. Manchmal verlor ich die Vorstellung von Raum und Zeit, sowie den Bezug zur Realität, und meine Decken fühlten sich sehr schwer an, als wären sie aus Knete. Außerdem hatte ich keine Ahnung, wo ich gerade aufgewacht bin. Ich wusste damals nicht, dass dies eine Panikattacke war, und ich habe ihr daher keine große Bedeutung verliehen, weil ich irgendwie müde wurde und wieder einschlief. Ich habe im Vorfeld jeden gewarnt, der an meinem späteren Mitternacht-Horrorfilm beteiligt gewesen wäre. Zum Glück war mein Freund zu dieser Zeit immer neben mir und bereit, alles in seiner Macht Stehende zu tun, um mich aufzubauen. In einem Gespräch vor kurzem stellte sich heraus, dass er selbst vor einiger Zeit ähnliche Zustände gehabt hatte, aber mit niemandem darüber gesprochen hatte. Viele Menschen erleben dasselbe, nennen es aber mit einem anderen Namen oder halten es für andere verborgen, aus Angst vor Verurteilung oder Ablehnung.

In meinem Leben existierte „3 Uhr morgens" weiter. Es war ein Teil davon, und ob ich Angst davor hatte, oder nicht – ich musste es akzeptieren. Als ich mit meinen beiden Mitbewohnern (die DJs waren) zusammen lebte und mit ihnen auf Festivals ging, musste ich öfter in einem Zelt schlafen. Was ich anfangs mit großen gedanklichen Widerständen annahm, tat mir im Nachhinein ganz gut. Meine erste Nacht in einem Zelt war natürlich fürchterlich. Aber je öfter ich dadrin schlief, desto seltener tauchten diese nächtlichen Episoden auf, was für mich ein heiles Wunder war! Ich fühlte mich geheilt! Am Leben! Glücklich und völlig frei! Bald darauf bekam ich den unkontrollierbaren Wunsch, ständig zu verreisen und meine neu entdeckte Freiheit zu kosten, das war lange bevor ich meine erste starke Panikattacke bekam. Zu der Zeit, als ich auf Festivals ging, schob ich diese positive Entwicklung auf meine Beziehung und die Tatsache, dass ich mich da sicher fühlte. In der Zwischenzeit änderten sich die Dinge und ich erkannte, dass das einzige, was mich immer von Panikattacken fern gehalten hatte, mein persönlicher Glaube an deren Ursachen war. In diesem Sinne: einer der wichtigsten Schritte hin zu einem Leben ohne Angstzustände ist zu erkennen, dass es keinen Grund dafür gibt, dass Panikattacken in Deinem Leben existieren. Und ja...Tausende von Dingen laufen vielleicht verkehrt, Du hast vielleicht kein eigenes Zuhause, keine Arbeit, kein Geld. Vielleicht ist Dein Partner nicht das, was Du Dir vorgestellt hast, aber am Ende des Tages bestimmst Du selbst, wie Du Dein Glück definierst. Stephen Hawkings' berühmtes Zitat "Wo Leben ist, gibt es Hoffnung" zeigt uns, dass es genug ist, am Leben zu sein, damit Dein Leben sinnvoll ist.

Wenn Deine Kriterien für Glück und Erfolg zu hoch sind, wirst Du der endlosen Frustration und ständigen Angst ausgeliefert sein. Mit anderen Worten, Du wirst immer denken, Du hättest einen Grund für Panikattacken. Dies ist ein Teufelskreis, aus dem Dich nur eine radikale Umstellung retten kann....Oder eine Panikattacke!

Während ich jede Ecke des virtuellen Raums auf der Suche nach den Ursachen dieser Zustände durchforstete, wusste ich, dass der erste Schritt darin bestand, herauszufinden, was für ein physiologischer Prozess die Panikattacke war. Aber ich hatte das Gefühl, dass dies nicht genug für mich war, ich wollte einfach einen "anderen", rein energetischen Grund finden, jenseits des Physischen. Okay, nun, wir betreten ein etwas spezielleres Gebiet, ich verspreche, ich werde nicht über Auren und Chakren sprechen. Die spirituelle Seite war für mich jedoch wichtiger als die rein physiologische, denn ich erinnerte mich daran, was mir eine Frau erzählt hatte, die Yumeiho-Massagen praktizierte. Es stand im Zusammenhang mit der Tatsache, dass wenn man ein Problem hat und eine Pille dagegen nimmt oder sich einer Intervention (z.B. einer Operation) unterzieht, das Problem nicht aufgelöst, sondern nur vertuscht wird. Irgendwas hat die Beschwerden im Körper verursacht, und die moderne, traditionelle Medizin befasst sich nicht mit der Wurzel des Problems, sondern mit den Folgen. Wie bei der Unkrautbekämpfung: Wenn Du nicht die Wurzeln entfernst, wachsen sie wieder, gern auch anderswo neu auf. In gleicher Weise machte diese Frau einen sehr guten Vergleich: "Ein Licht auf Deinem Armaturenbrett leuchtet, und anstatt dass Du das kaputte Autoteil reparierst, verbirgst Du es mit einem Isolierband. Es scheint zwar, dass Dir das Licht eine Zeitlang nicht in die Augen sticht, aber auf Dauer wird Dein Problem immer schlimmer."

Ich unterstütze diese These absolut, insbesondere im Hinblick auf die Panikstörungen, obwohl diese Theorie weit verbreitet ist und sich auch auf jedes physische Problem beziehen kann. Auf der Suche nach der Wahrheit in der Psychologie sowie in verschiedenen spirituellen Lehren bin ich auf viele interessante Dinge gestoßen. Zu meinem Glück stellte sich heraus, dass die Panikattacke tatsächlich ein großer Helfer auf dem Weg zu einem erfüllten, selbstbestimmten Leben war. Die Wahrheit ist, dass es immer einen Grund gibt, aber es ist manchmal sehr schwierig, ihn zu ergründen. Du musst alle Stressfaktoren in Deinem Leben anschauen, alles was Dich behindert, weil Dir die Panikattacke nur sagen will: "Konzentriere Dich. Siehst Du eigentlich, was Du tust? Verstehst Du, dass das nicht Du bist? Du bist an einem Punkt angelangt, an dem ich Dir keinen weiteren falschen Schritt erlauben werde. Hör auf, Dich selbst zu kompromittieren!" So erweisen sich auch „schlechte" Entscheidungen in unserem Leben als genauso wertvoll wie die „guten". „Schlechte" Ereignisse tragen dazu bei, uns auf die richtige Spur zu bringen. Das weiß man aber immer hinterher, oder?

In meinen Illusionen war ich offensichtlich zu Extremen gekommen, angezogen vom Gefühl der Komfortzone. Es war eine Ruhe in meiner Beziehung. Ich fühlte mich gut in meinem Freundeskreis, fand viel Verständnis sogar in meinen weiblichen Freundschaften, was für mich extrem selten vorkommt. Später änderten sich jedoch viele Dinge. Ich musste mich von allem, wovon ich glaubte, dass es mir hilft, stark distanzieren. Ich sah etwas Unheimliches in der Umgebung, in der ich mich befand – starke Verurteilung, was ich zuvor nicht bemerkt hatte, sowie mangelnden Fortschritt. Später brachen meine weiblichen Freundschaften auseinander. Verschiedene Dinge kamen an die Oberfläche, und mir wurde glasklar, dass ich nicht mehr die Kraft hatte, manche Dinge zu tolerieren. Was meine erfüllte Liebe anbelangt...Von ihr blieb wirklich nichts übrig. In dem Moment, in dem mir klar wurde, dass er mich seit langer Zeit nicht liebte, verwandelte sich die Vorstellung "einer perfekten Beziehung mit großem Potenzial" in eine "Lernbeziehung". Wir blieben nur bei den Lektionen, was rational gesehen super war, aber auf der emotionalen Ebene empfand ich es als schockierend, traurig und lächerlich. Alle diese Illusionen flossen in eine weitere Panikattacke über. Ich nahm ein Notizbuch und fing an zu schreiben. Ich versuchte sie zu analysieren, ich war nicht nur bereit, sie wieder zu erleben, sondern diesmal auch zu verstehen.

(Ich schreibe nieder, was ich von den Kritzeleien in meinem Notizbuchs ablesen kann.)

"Wir sind zurück auf dem Karussell. Denke dran, dass es wichtig ist zu atmen. Abstrahiere das Zittern, Dein Körper weiß selbst, wie er damit umgehen soll. Das Ohrensausen war schon vorher da! Und vergiss nicht zu atmen! Einatmen. Anhalten. Ausatmen. Einatmen. Anhalten. Ausatmen. Was fühlst Du? "Alles" scheint die geeignetste Antwort zu sein. Es geht Dir jetzt viel besser. Obwohl, selbst wenn Du weißt, was es ist und dass es Dich nicht töten wird, empfindest Du diese massive, spektakuläre, vereinnahmende, obsessive Gewissheit, dass Du vielleicht ... ganz allein bist. Und dass Du Deinen Kopf nicht auswechseln kannst. Dass die Panikattacken immer dauern werden. Nein! Genug, Vanessa! Nein! Hat Dir das Schreiben nicht geholfen? Atme jetzt ... Du wirst lernen, diese Zustände sogar zu lieben. Sie wollen Konfrontation, sie wollen Deine emotionale Reaktion, sie wollen sehen, wie Du sie bekämpfst, sie lassen Dich aus den Fugen geraten, damit Du kristallklar fühlen kannst. Dass Du Dich hilflos und verletzlich fühlst. Der einfachste Weg, mit den Panikattacken zurecht zu kommen, ist, anzufangen, sie zu lieben. Ungeduldig sie in Deinem Leben zu empfangen, wie Du jeden besonderen Menschen erwarten würdest. Sie werden Dir so viel beibringen. Uff, ich komme der Geschwindigkeit meines Verstandes nicht hinterher! Meine Hand schreibt immer noch Dinge, an die ich vor fünf Minuten gedacht habe. Atme, atme! Es muss richtig sein, Vanessa. Atme richtig. Diese Atmung ist sehr anstrengend. Sie erleichtert mich, aber gleichzeitig dauert sie zu lange und es fängt an, mich zu ärgern. Ich muss wichtigere Dinge tun als sitzen, durchdrehen und tief durchatmen. Warte, warte! Ist das alles wegen ihm?"

Neben mir liegt mein Freund. All dies geschieht spät in der Nacht. Ich schreibe hektisch, während die Taschenlampe meines Handys, die gegen das Kissen lehnt, meine Kritzeleien kaum beleuchten kann. Ich starre eine Weile in die Dunkelheit und schreibe weiter.

"Seit einigen Monaten fühle ich mich sehr angespannt, wenn ich in seiner Nähe bin..."

Dort hört das Gekritzel auf. Ich glaube, ich ging kurz ins Bad um allein mit meinen Gedanken und meinem Atem zu bleiben. Ich erinnere mich, dass ich mich sehr gut gefühlt habe. Ich hasste es, dass ich auf diese Weise lernen musste, dass ich in einer illusionären Welt lebte und auf schnellstem Weg daraus fliehen musste. Ich wusste genau, was das bedeutete - er hatte unsere Beziehung beendet, ohne es mich wissen zu lassen, und dabei war er genauso wie immer. Es gelang ihm, meine Gedanken zu täuschen, er konnte aber nichts vor meiner Intuition verbergen, die mir „durch meine Panikattacken sprach". Obwohl ich die Ursache der Panikattacke bereits erkannt hatte, waren das Gefühl und die Angst am Morgen immer noch recht stark. Ich wollte meine Nase nicht draußen zeigen, ich wollte nicht einmal mein Zimmer verlassen. Zu meinem Entsetzen musste ich in den nahe gelegenen Supermarkt, weil sich im Kühlschrank keine Lebensmittel befanden, und es gab keine Krankheit, die mich diesem einzigen Vergnügen der Welt, zu essen, berauben konnte.

Ich ging hin und bemerkte sofort den Unterschied. Das Licht war aufdringlicher, ich fühlte mich wie ein echter Vampir. Ich hatte das Gefühl, dass alle meine Sinne geschärft waren, und ehrlich gesagt, benahm ich mich wie eine Katze: "Was ist los? Warum bist Du raus? Oh, das ist nur mein Fuß. Warum klingst Du so laut!? Nun, Taube! Wer ist hinter mir? Keiner. Nichts. Alles klar. Wo ist nun das Essen?" Ich erinnere mich an den wahren Horror, als ich den Supermarkt betrat und ... *Menschen* traf. Diese heißen Fleischbälle aus pulsierender Energie. Ich ging allen so weit wie möglich aus dem Weg, als würde ich von einem unangenehmen Geruch fliehen. Ich gebe zu - es war äußerst unhöflich, aber ich hatte keine Wahl - als ob ich all ihre Gefühle und Gedanken lesen konnte. Ich wusste nicht, welche Worte sich in ihren Köpfen drehten, aber ich spürte die Energie, die sie ausstrahlten. Die meisten Menschen waren besorgt. Ich fühlte ihre Probleme. Ich spürte, wie sie berechneten, wie viel Geld sie für das ausgeben würden, was in ihrem Wagen gesammelt war. Ich fühlte ihren unstillbaren Hunger, den das Essen nicht befriedigen kann. Man kann so ein Gefühl schwer in Worte fassen. Aber ich weiß, dass es eines der seltsamsten Dinge war, die mir jemals passiert sind, und selbst wenn es sich nach etwas anhört, das ich jetzt mit Interesse erforschen würde, war es wirklich furchterregend. Ich wollte diesen Ort schnellstens verlassen. Ich fühlte mich seltsam, eine illusorische Paranoia jagte mich. Es gelang mir, durch die Kasse zu gehen, ohne von den verurteilenden Blicken der Menschen, die meinen letzten Lebensfunken aufsaugen wollten, komplett verdammt zu werden. Ich zahlte und ging. Ich hatte keine Geduld, nach Hause zu gehen. Mein Zimmer war mein sicherer Ort, mein ewiges Zuhause, um mich vor den "bösen Menschen" da draußen zu schützen. Wie dumm war ich! Wenn ich gewusst hätte, wie beglückend es ist, eine Hellseherin zu sein (die wörtlich übersetzte Bedeutung des Wortes - *übersinnlich*), hätte ich es maximal ausgenutzt. Ein paar Tage später waren meine Mitbewohner offenbar irgendwo außerhalb von Sofia, weil ich mehr Kritzeleien fand, die eindeutig zeigten, dass ich absolut allein war, als *sie* wieder geschah. Ich wachte auf mit dem fiebrigen Gedanken, dass nicht jeder wie ich sein könnte. Anscheinend kamen viele unbewusste Wunden durch dieses seltsame Szenario in meinen Kopf. Ich flüchtete schnell in das wunderbare, tolle und sichere Bad, schloss den Deckel, setzte mich drauf und sagte zu mir: "Das kann entweder nur gut oder ganz schrecklich sein." Mir wurde klar, dass die Entscheidung bei mir lag. Der Zustand kontrollierte mich nicht - ich kontrollierte ihn. Und obwohl er Teil von mir war, der versuchte, mich zu vereinnahmen, hätte es ohne meine Erlaubnis nicht funktionieren können. Ich hatte Angst, ja und wie. Ich wusste, dass er stark war und ich fühlte, wie er meinen ganzen Körper geschluckt hatte. Ich fokussierte mich aufs Atmen. Nach einer Sekunde entschied ich mich für den "einfachen Weg" und packte mein Handy, um meinen Freund anzurufen. Geht nicht dran. Eins. Zwei. Drei. Ich lege auf. Er schläft wohl. Erst dann erinnerte ich mich daran, wie viel Uhr es war - 3:15 nach Mitternacht. Ich rief nicht mehr an und sagte mir: "In Ordnung. Ich mache es selbst. Ich muss es irgendwann doch lernen. Er wird nicht immer an meiner Seite sein", und nur durch diesen Gedanken fühlte ich eine Erleichterung - als ob ich innerlich wusste, dass ich es alleine einfacher hätte hinkriegen können. Es gab niemanden, vor wem ich mich verstecken oder schämen musste. Es gab keinen fremden Körper, dessen Energie wellenartig durch mich schoss. Es hatte keinen Sinn, einen fremden Blick ständig interpretieren zu wollen. Ich konnte alles sein, was mir passierte, ohne Konsequenzen. Ich atmete tief durch. Ich ging zitternd aus dem Badezimmer, wickelte mich in ein paar Decken ein und sprang ins Bett. Ich kauerte mich wie ein kleiner Kokon zusammen und starrte in die Dunkelheit. Ich dachte: "Mir geht es gut. Ich werde es tun. Nun, was kommt als nächstes? Warum versuche ich nicht, dieses seltsame Gefühl zu erkunden? Konzentriere Dich einfach und höre, was seine Botschaft ist. Adrenalin im Blut macht Dich jedoch bis zu einem gewissen Grad zu einem "Superhelden", damit kannst Du arbeiten!" Und als ich ganz still wurde und versuchte hinzuhören und meine Panikattacke spürte, hörte ich nichts - alle Symptome verschwanden in wenigen Sekunden. Als ob mein Gehirn verstand, dass es nichts zu befürchten gab, dass es nichts gab, wovor man flüchten sollte. "Bis zum nächsten Mal dann. Ich werde auf Dich warten, denn ich habe einen Plan für Dich", dachte ich.

So habe ich hierher gefunden. Jeden Tag nach der Arbeit, gegen 14.30 Uhr, mit einem winzigen hübschen ausgeliehenen Laptop, saß ich in einem gemütlichen Sofia-Restaurant. Ich bin hier, weil ich ein Versprechen halte, das ich mir selbst gegeben habe. Ich schreibe "ein Buch" oder besser gesagt, ich versuche verzweifelt, die Erfahrungen mit meiner Panikattacke zu strukturieren und in Worte zu packen. Nach dieser Nacht, in der ich dachte, ich müsste schreiben, bekam ich keine starke Panikattacke mehr. Ich erhielt ziemlich seltsame Flashbacks, die an die Panikattacke erinnerten, die aber mit der Stärke und Dauer der ersten nicht vergleichbar waren. Weil ich mich auf sie freute und mich jedes Mal hinsetzte, um zu schreiben, wenn sie mich für schwach hielt und beschloss, mich zu checken. Ich habe es abgelehnt und sie vepuffte sich anschließend mit hängendem Kopf. Nun sind wir aber weit weg vom Ende meiner Geschichte entfernt. Ich habe mein Leben dramatisch verändert und dass ich meinen Zustand akzeptierte, war lange nicht der einzige Schritt, der mich der ständigen Präsenz der Panikattacke in meinem Leben beraubte.

ÜBERLEBENSPLAN

Das erste, was ich tat, war mir eine Art "Handlungsplan" bei einer potenziellen Panikattacke zu erstellen. Es ist schlichtweg unmöglich, die Emotionen, die Angst und das Chaos in Deinem Kopf während einer Panikattacke zu strukturieren. Ich hatte also keine andere Wahl, als es zu tun. Schon nach meiner ersten starken Panikattacke griff ich nach einer Leinwand, und schrieb mir einige Regeln mit Acrylfarben auf. Kreativität ist eine großartige Selbsttherapie. Ich habe sehr viel Zeit und Aufmerksamkeit investiert, um es bunt, hell und frisch zu gestalten. Ich habe ein paar Regeln aufgeschrieben, an die ich mich erinnern und die ich mir immer vor Augen halten muss. Zwei oder drei Tage nachdem ich die Leinwand bemalt hatte, versteckte ich sie vor meinen Augen. Aber wie? Warum? Weil sich solche Dinge wie eine schlechte Idee entpuppen, obwohl sie theoretisch wunderbar aussehen. Tatsächlich ist das einzige, was sie tun, Dich in diesen alten Zustand zurückzuversetzen. Du gehst in die Küche, um etwas zum Essen zu holen, kommst zurück und - Hoppla, dieses schöne Bild begrüßt Dich mit den Worten "Schau hier diese großen farbigen Buchstaben!" Es war doch Deine Panikattacke, erinnerst Du Dich an sie nicht? Dieses schreckliche Etwas, wovor Du Dich immer fürchtest. Ja, dasselbe! Klar, Du wirst schon in der Lage sein, mit Deinen Gedanken fertig zu werden, jetzt iss doch ruhig." Das ist das letzte, was Du tun kannst, nachdem die Vorstellung von der Panijattacke Dich wieder erwischt hat und die Angst durch Deinen ganzen Körper fließt. Die Lösung: die Leinwand geht sofort in die Tonne!

Nein, sehr viel Arbeit wurde in diese Leinwand gesteckt, ich verstecke sie einfach taktisch, damit sie meinen Regenerationsprozess nicht stört. Dennoch - die Dinge, die aufgeschrieben wurden, sind nach wie vor gültig und es ist schön, sich an diese zu erinnern, ohne sie unbedingt ständig vor Augen zu haben. Gehen wir sie durch und noch ein paar mehr, um sicherzustellen, dass wir damit die nächst mögliche Panikattacke nicht überwinden, sondern erdulden können.

1. Entspanne Dich. Atme tief durch, langsam und gründlich. Und vergiss nicht - alles geht vorbei.

Dies ist wirklich der essenziellste Schritt. Klingt nach etwas Normalem. Als Kinder, als wir auf Schulreisen waren und jemand krank wurde, saß die Lehrerin immer neben ihm und forderte ihn auf, tief zu atmen. Ich glaube nicht, dass wir begreifen, wie wertvoll es ist, den Stress durch das einfache Atmen zu regulieren. Ein Prozess, den wir nicht einmal erkennen, dass er in uns geschieht, - es ist gegeben und wird als solches mit Missachtung behandelt. Es atmet in uns. Viele spirituelle Meister bedienen sich Praktiken des bewussten, achtsamen Atmens und dies ist sicherlich kein Zufall. Wir können unseren Körper auf diese Weise nicht nur selbst kontrollieren, sondern auch heilen.
Es ist auch sehr wichtig, zu erkennen, dass das, was mit Dir geschieht, Dein Leben nicht gefährdet. So gelingt es Dir, Dich vom Gefühl der Gefahr zu distanzieren und Dich in einen Zustand des vollständigen Bewusstseins für das, was gerade passiert, zu versetzen.

2. Unterdrücke es nicht, sondern verwandle das negative Denken.

Während einer Panikattacke ist es unvermeidlich, an eine Reihe von Dingen zu denken, aus denen eine allmächtige Angst über alle anderen heraussticht und sie zu vernichten beginnt. Meist ist dies mit einer Wunde aus der Kindheit verbunden, was Du vielleicht gar nicht merkst. Du hast immer die Wahl, Du kannst Dich immer daran erinnern, wie vor fünf Minuten alles in Ordnung war und wie sich seitdem nichts geändert hat, also hast Du nun keinen Grund, Dich jetzt so anders zu fühlen. Also, überlasse Dich nicht Deinen Ängsten, sei Dir bewusst, dass sie völlig irrational und unbegründet sind. Egal wie echt Dir Deine Ängste erscheinen, die Handlung des Angsthabens selbst – trägt gar nichts zur Verbesserung der Situation bei. Genau das Gegenteil ist der Fall – Deine Ängste verschlimmern Deinen Zustand dramatisch ohne wirklichen Grund. Es ist überflüssig, Dich in Probleme zu vertiefen, die nicht einmal seit drei Minuten bestehen. Also stoppe diesen ganzen Prozess. An einer Stelle wirst Du merken, dass es Dir gelingt klar zu denken und von Abweisung zur Analyse der Situation übergegangen bist. Eigentlich kann Dir nichts wirklich passieren, nichts wird so katastrophal sein, dass es das Ende Deines Lebens bedeutet. Ein Grundprinzip im Universum ist, dass alles in steter Bewegung ist, alles ist Vibration und jede Vibration hat eine Amplitude. Höhe-, Tiefpunkte, Vergänglichkeit und ewige Dauer, das heißt, alles wird sich immer ändern. Du, Deine Umstände und Deine Einstellung. Es gibt kein ewiges Glück, aber auch kein ewiges Unglück oder ewigen Schmerz, was an sich ein sehr beruhigender Gedanke ist. Lasse die Panikattacke durch Dich fließen, ohne in Widerstand mit ihr zu gehen.

3. Verwende vorgefertigte Phrasen, wie z.B:
"Wenn ich mich beruhige, dauert es bis zu drei Minuten."
"Dies ist nur Adrenalin, es wird bald ausgeschöpft sein."
"Ich habe das schon früher gemacht, also kann ich es jetzt auch."

Es ist seltsam, aber es funktioniert. Manchmal hast Du einfach keinen Draht zum vernünftigen Teil von Dir, und die Angst ist so stark, dass sie Dich komplett vereinnahmt hat, weil sie mit allen Deinen Phobien und Horrorszenarien für die Zukunft gefüttert wurde. In solchen Momenten, leihe Dir bitte ein wenig Vernunft aus, lerne ein Zitat oder einen Spruch auswendig, wiederhole sie laut oder leise, je nach den Umständen. Verliere einfach nicht Deinen Verstand. Denke darüber nach und Du wirst feststellen, dass Deine Ängste vollkommen ungerechtfertigt sind.

4. "Ich bin froh, dass Du hier bist. Ich möchte, dass Du mir alles von Dir gibst und Dich maximal verschlimmerst!"

Ich weiß, es klingt absolut daneben, aber wenn Du es wirklich glaubst und es laut aussprichst, wird dieser Satz Wunder bewirken. Diese Abgabe der Kontrolle, paradox oder nicht, gibt Dir die komplette Kontrolle zurück. Kein Leugnen, keine

Flucht mehr, Du willst, dass es wieder geschieht, und sogar schlimmer wird als je zuvor. Das Ausstrecken der Hand zur Panikattacke blockiert den Prozess in Deinem Gehirn, der die gesamte Reaktion ausgelöst hat. Ihr Start basiert auf Angst, das heißt Deine Akzeptanz blockiert die Angst sofort und damit auch die physischen Manifestationen der Angst. Wenn Deine Panikattacke zu lieben, jedoch ein Tick zu viel verlangt ist, dann kann folgender Satz sehr hilfreich sein:

5. *"Tue mit mir, was Du willst, ich bin schon müde! Töte mich diesmal und dann ist endlich alles vorbei!"*

Die andere erfolgreiche Methode ist Ärger. Ja, richtig gelesen - wütend werden. Du wirst kaum jemanden finden, der Dir empfiehlt, eine negative Emotion durch eine andere zu ersetzen. Stelle Dir vor, wie jede Emotion vom Spektrum menschlicher Gefühle Teil einer Kette ist und ihre eigene Farbe und Schwingung hat. Ganz unten in schwarz ist die Verzweiflung. Die Gefühle, die sich am Ende dieser Kette befinden, sind alle, die man während einer Panikattacke empfindet: Depression, Hoffnungslosigkeit und Ohnmacht - ein Mangel an jeglicher Lebenslust. Die Panikattacke ist im Grunde ein Neustart-Button. Eine Stufe nach dem Gefühl von Frustration und Sinnlosigkeit ist die Angst und das Gefühl, dass keiner Dich liebt. Hier ist die Farbe braun und zeigt Ressentiments, im Gegensatz zu der Idee der Apathie in der unteren Ebene. Die dritte Ebene ist rot - hier sitzen der Zorn, der Hass und das Verlangen nach Rache. Schwer zu glauben, aber diese Gefühle haben eine höhere Schwingung als die auf den ersten beiden Ebenen aufgeführten. Die dritte und vierte Ebene sind Machtstufen, obwohl die Empfindungen in ihnen "negativ" klingen - Frustration, Ungeduld, Wut, Irritation, Pessimismus. Seltsamerweise kann ich aus eigener Erfahrung garantieren, dass es viel besser ist, als auf die Knie zu fallen und vom schwarzen Loch der Panikattacke verschluckt zu werden, so gibst Du also vor der Panikattacke zu, dass Du schwach bist und dass Dein Leben nichts wert ist. Im anderen Fall stehst Du "über den Dingen" und sagst: *"Zeige mir, wozu Du fähig bist, aber eigentlich ist es mir vollkommen egal, was Du mit mir anstellen willst."* Wenn Du Dich da nicht überwinden und diesen Zustand lieben kannst, kannst Du ihm zumindest prophylaktisch einen Mittelfinger zeigen. Wenn Du dies tust, bewegst Du Dich Richtung Neutralitätsstufe, die die Mitte des Skala markiert und sich am Rand der positiven Emotionen befindet.

Diese Schritte sind für mich sehr essenziell, und ich denke, dass es von Vorteil wäre, wenn Du mindestens einem davon folgst, dann wird sich Dein Zustand drastisch verändern. Das Wichtigste ist jedoch, was Du Dir für die kommenden Monate Praktiken aneignest, die für Dich sowohl heilsam, als auch präventiv auf Dich wirken. Meine Methoden sind das Ergebnis einer recht umfangreichen Recherche und natürlich einer persönlichen schmerzvollen Erfahrung am eigenen Leib.

SCHRITT FÜR SCHRITT

Es ist normal, Angst zu haben, und selbst wenn Du nicht in eine richtige Panikstörung geraten bist, besteht eine große Chance, dass Du Dich durch dieses oder jenes beschränken lässt, um Dich vor weiteren Panikattacken "zu retten". Ich bin selbst in diese Falle hineingetappt und dachte: "Nein! Ich bekomme immer Panikattacken, wenn ich eine TV-Show im Wohnzimmer anschaue! Ich werde niemals mehr eine anschauen! Niemals!" Oder "Horror, es liegt an den tiefgefrorenen Fruchtmilchjoghurts! Ich kaufe sie nie wieder!"

Mit Sicherheit hast Du auch so extrem logische Schlüsse gezogen, die nur beweisen, woran sich die Amygdala alles erinnern kann. Denn wenn die Panikattacke eintritt, merkt sich dieser klitzekleine Mini-Gehirnteil alles, und wenn die Attacke wieder auftaucht, alarmiert er sofort. In der Tat könnte der Fruchtmilchjoghurt eine Voraussetzung oder ein Auslöser für die Panikattacke gewesen sein, aber das bedeutet nicht, dass er der Grund dafür ist. Sie sind ein shortcut für die eigentliche Ursache geworden, die einen völlig anderen Namen und einen ganz anderen Charakter hat. Um zu verhindern, dass dieser shortcut Dein Leben verändert, musst Du einfach rechtzeitig reagieren. Am Ende des Tages ist alles eine Bewusstseinsfrage. Wenn Du weißt wie und warum es funktioniert, kannst Du die Situation kontrollieren oder nach dem anderen Extrem handeln – Dich komplett dem Gefühl hingeben. In beiden Fällen gewinnst Du, weil Du Dir im Klaren bist, was gerade mit Deinem Körper passiert. So kannst Du jedes Problem heilen, vielleicht nicht auf einmal, aber Schritt für Schritt, indem Du zur Norm zurückkehrst.

Der Trick besteht darin, das bereits aufgezeichnete "Band" mit einem neuen "Film" zu überschreiben. Unser Gehirn führt ständig einen kausalen Weg, unabhängig davon, ob wir etwas Bewusstes tun oder nur darüber nachdenken. Wir beginnen, verschiedene Zustände mit unterschiedlichen Empfindungen, Gefühlen und Gedanken zu verknüpfen. Wenn Du eines Morgens mit dem Gedanken an warme Buchteln aufwachst, ist es sehr wahrscheinlich, dass Du künftig jedes Mal, wenn Du an demselben Ort aufwachst, unter den gleichen Umständen - Sonnenschein, Vogelgezwitscher draußen, Bettlaken nach einem speziellen Weichspüler duften, dass Du Dich "aus irgendeinem Grund" wieder an die warmen Buchteln erinnerst. Dies funktioniert sowohl bei guten, als auch leider bei unangenehmen Dingen. Wenn Du nach einer Panikattacke zehn Tage lang in Folge mit dem Gedanken aufwachst "Ich hasse mein Leben so", zeichnest Du ständig neue Informationen unter dem Kapitel "Ich hasse mein Leben so" durch Deine täglichen Gedanken und Handlungen auf. So wird es Dir an einem Tag, an dem Du eigentlich frisch und heiter aufstehen möchtest, nicht gelingen, weil Du in zwei aufeinander folgenden Wochen Aktionen und Empfindungen "aufgenommen" hast, die unter das falsche Kapitel fallen. Alles - vom Aufstehen, das Bettmachen, Frühstücken, Fernsehen, Überproblemesprechen, Schlafengehen, die Weichheit Deines Kissens - wird Dich an den Gedanken erinnern: "Ich hasse mein Leben", weil Du entschieden hast, Dich der Verzweiflung hinzugeben, anstatt zu verstehen, dass Du Dich schon seit langem gar nicht schlecht fühlst. Und da unser Gehirn aus mehreren solcher Datensätze besteht, anstatt unter Deinen vergangenen Gedanken zu leiden, ändere sie - weil Du die Fähigkeit besitzt, diese unendlich zu überschreiben, Dich neu zu programmieren. Du wachst auf, Deine Sinne entdecken die vertraute Umgebung, in der Du Dich gestern schlecht gefühlt hast. Dein Gehirn ist bereit, das Gefühl wiederzugeben, aber bevor es wieder passiert, tue etwas völlig anderes, überrasche Dich selbst! Spiele Dir einen lustigen Film mit Babys, Katzen oder Hunden ab, springe herum, tanze zu Deinen Lieblingsliedern. Benehme Dich so, wie Du das nächste Mal unter ähnlichen Bedingungen leben möchtest. Diesmal solltest Du eine bewusste Entscheidung treffen, anstatt Dich auf die Emotionen zu verlassen, und am nächsten Morgen wird Dich ein seltsam-euphorisches Gefühl überkommen, das ohne Grund zu sein scheint, aber Du wirst wissen, dass Du es selbst bestellt hast. Aromatherapie ist beispielsweise sehr gut dafür geeignet. Ich hatte mich daran gewöhnt, Zimtstangen zu beschnuppern, jedes Mal wenn ich mich in meiner besten Form und Laune fühlte. Wenn Du nicht vergisst, es mehrmals hintereinander zu praktizieren, wird Dein Gehirn folgende Informationen aufzeichnen: Zimtduft = Glück. So könntest Du es von Zeit zu Zeit auch andersrum machen. Wenn Du Dich besonders unglücklich fühlst, nimm einfach eine Zimtstange, rieche daran und Du wirst merken, dass all die guten warmen Gefühle und Emotionen, die Du bereits mit dem Aroma assoziierst, wie mit einem Zauberstab erzeugt werden. Die Angst vor Serienfilmen in der Nacht verschwand, weil ich neue Empfindungen überschreiben konnte und ich mir so mein Selbstwertgefühl wiedererlangte. Zuerst schaute ich mir die Serienfilme bewusst mit brennendem Licht an. Dann habe ich beschlossen, mir einen langen Film anzusehen. Keine Panikattacke passierte diesmal, also wuchs mein Vertrauen in mich. Ich weiß, dass es sich lächerlich und dumm anhört, so stolz auf Dich zu sein, weil Du einen Film zum Ende angeschaut hast, aber jeder, der am eigenen Leib gespürt hat, wie eine Panikattacke die banalsten alltäglichen Aktionen beeinflusst, wird mich vollkommen verstehen. Du weißt, wie es ist, völlig normale Dinge tun zu wollen, und Du kriegst es einfach nicht hin. Schritt für Schritt habe ich also meine Handlungsfreiheit bewusst erweitert. Ich erinnere mich genau an den Tag, als eine Freundin, die nichts von meinem Zustand wusste, Tickets für mich und eine andere Freundin für ein Filmfestival gekauft hatte. Es war fürchterlich. Ich lehnte diese Einladung kategorisch ab, saß zu Hause und stellte mir vor, wie sie sich den Film zusammen im Kino anschauen. Als würde ich Sofia von oben betrachten, sah mich selbst und die beiden, alle unnötig voneinander getrennt. Ich erkannte plötzlich, dass die Angst mein Leben total zerstörte. Ich wollte raus, wollte mit ihnen zusammen sein, philosophieren, lachen, eine Zigarette anzünden und eine Rauchwolke mit zusammengekniffenen Augen in der kalten Luft ausatmen. Nicht, weil wir großartige Filmkritiker sind, geschweige denn Raucher, sondern weil solche Abende und Filme eine besondere Stimmung bewirken, wie in einem schwarz-weißen französischen Film. Ich wollte meine Filmabende zurück! Selbst wenn mir der Film gar nicht gefallen hätte.

Dann habe ich strikte Maßnahmen ergriffen und beschlossen, mit meinem Freund zusammen ins Kino zu gehen und den "Buchdieb" anzuschauen. Ich erinnere mich genau an jeden Moment dieser Nacht. Ich erinnere mich an die lange Schlange und die Klaustrophobie, die mich durch die vielen Leute erwischte. Als wir in die Lounge gingen, fanden wir unsere Plätze, setzten uns und warteten. Ich erinnere mich, wie mein Puls durch das Ausschalten der Lichter schneller wurde. Ich erinnere mich genau an den Blick meines Freundes und seine Bereitschaft, sofort zu gehen, falls etwas passierte. Und obwohl ich mich am Rande meiner Kräfte fühlte, wiederholte ich mir so etwas wie "Du wirst heute Nacht nicht versagen, Vanessa. Alles ist in Ordnung. Schau einfach auf den Bildschirm. Ignoriere Deinen Körper und beobachte den Bildschirm. Folge der Geschichte. Tritt in sie ein und vergiss die Realität, denn im Moment ist sie voller Illusionen. Eine Illusion von Angst und Anspannung. Beobachte genau und atme tief durch." Und so angespannt wie ich war, entspannte ich mich peu à peu und genoss den ganzen Film. Ich schaute nicht weg vom Bildschirm und lebte zusammen mit der Hauptdarstellerin in der Geschichte. Es war großartig, aber das Wichtigste war, dass ich es mir ansehen konnte. Für ganze zwei Stunden! Es war schon vor den Panikattacken eine ernste Herausforderung für meine Geduld. Ich kam als Wiedergeborene aus dem Kino raus, stärker als je zuvor. Mein Selbstwertgefühl sprang in den Himmel, wodurch die Angst sofort verflog. Das war die Technik, die ich für alles anwendete, vor dem ich mich fürchtete. Nur einen Fuß in diese Richtung setzen, dann einen zweiten, egal wie klein oder groß - es spielt keine Rolle, weil Du endlich das Ziel erreichst. So schaffst Du es, Deine Empfindungen zu ordnen und emotionale Intelligenz zu entwickeln, die nichts anderes als eine Bewusstseinsentwicklung für die Ursachen ist, warum Du Dich so fühlst. Fruchtmilchjoghurt, oh Du, Fruchtmilchjoghurt! Die Angst davor dauerte nicht länger als eine Woche, weil ich nicht länger Lust darauf hatte, darauf zu verzichten. Ich hatte kein Problem damit, ich hatte ein Problem mit den Gedanken, die mir in den Sinn kamen, als ich dieses Essen probierte. Es gab keine Möglichkeit, diesen Zustand weiter zu ertragen - ich wollte meine alte Freiheit zurück. Du verpasst Dir selbst eine Ohrfeige und hörst auf, Dich primitiv zu fühlen! Es gibt kein "ufff, es geht mir beschissen!" Ohne die nächste Frage "Woher kommt dieses Gefühl? Wann hast Du Dich zuletzt so gefühlt? Wie waren dann die Umstände? Ist es wirklich sinnvoll jetzt zu meckern oder ist da einfach ein altes Muster im Spiel? Falls ja, was ist daran so schlimm, dass es Dir schlecht geht?" Während Du Dir also diesen Fragenkatalog beantwortest, ist das Gefühl der Angst längst verschwunden. Du ergreifst die Zügel Deines eigenen Lebens, glaube mir, es gibt kein besseres Gefühl als das! Dieses Gefühl erreicht man nicht, während man auf der Couch liegt, und jemand anders Dir die Lösung vorkaut. Dieses Gefühl kommt nach einer Katharsis und kann mit nichts anderem verglichen werden. Deshalb sind Schmerzen und Probleme wertvoll. Sie lehren Dich, glücklicher zu sein, als Du jemals hättest sein können.

"NEIN" ZU DEN MEDIKAMENTEN

Ich kann das nicht oft genug betonen. Erstens sind die selbstinitiierten Internetrecherchen und die Selbstdiagnosen Dinge, die Du nicht weiter als bis zur Feststellung "Ich habe eine Panikattacke" treiben solltest. Das Surfen im Netz sollte aufhören, nachdem Du sichergestellt hast, dass Du genau das durchgemacht hast - das reicht! Denn sonst wirst Du schnell feststellen, dass Du höchstwahrscheinlich Krebs hast. Oder Du wirst beschließen, dass Du den schnellen Heilungsweg gehen willst, um Deine Panikattacken loszuwerden und wirst zu Antidepressiva greifen. Heutzutage gibt es für alles eine Pille, aber wenn Du nur wüsstest, in welchen schlechten Film Du Dich hineinbegibst, wirst Du ganz schnell die Finger davon lassen. Jeden Tag traf ich Menschen, die mehr unter diesen "Medikamenten" litten, als unter dem eigentlichen Zustand. Und ich verstehe den ersten schnellen Impuls, sie als Heilmittel zu wählen. Angesichts eines Lebens mit Panikattacken sehen sie aus wie eine schnelle Lösung, aber langfristig können die Pillen nicht helfen. Du hast sicherlich von Tausenden von Fällen gehört, in denen mit dem Ende der Droge das Problem (welcher Art auch immer) wieder auftritt. Es gibt keine schnellen Lösungen für die Bekämpfung von Krankheiten, weil wir sie selbst erschaffen. Es scheint schwieriger zu sein, Deine Denkweise, in der das Problem verwurzelt ist, zu ändern, und stattdessen wählst Du die flüchtige, aber ständige Unterdrückung der Symptome durch äußere Mittel. Die Medikamente werden Dein Leben nicht verbessern können.

Das Lesen dieses Buches wäre auch nicht genug - es ist nur der erste Schritt auf dem Weg, den Du alleine gehen musst. Es kann nicht so einfach sein - Du bist jetzt hier, weil Du zu lange von Deinen Pflichten weggerannt bist. Es gibt keine Möglichkeit, die Monate oder Jahre, in denen Du auf etwas sehr schädliches in Deinem Leben nicht geachtet hast, mit einer Pille auf magische Weise zu korrigieren. Wenn Du jedoch keine Zeit hast und Dich auch hier mit der Heilung beeilen willst, solltest Du nicht einmal einen Psychotherapeuten aufsuchen - durchforste einfach die Foren und Gruppen für Panik- oder Angststörungen im Netz und lass Dir ein Medikament verschreiben. Die Dutzenden von Hypochondern werden Dir liebend gerne erzählen, welche Drogen sie nehmen und wie gut sich das anfühlt...für eine kurze Zeit. Die anderen jammern darüber, wie die Dosis nicht mehr wirkt, oder wie ein oder zwei Monate nach der "Heilung" und dem Absetzen des Antidepressivums die Panikattacken mit zerstörerischer Kraft zurückkehren. Kein schlechter Plan, oder? Ich versuche, Dein Leben zu verlängern, und damit meine ich die reine Existenz, und ich hoffe, wir sind uns bei diesem Thema einig. Wie ich bereits im Kapitel „3 Uhr morgens" erwähnte, möchtest Du nicht einfach ein Isolierband auf das leuchtende Licht kleben, das Dir zeigt, dass es ein Problem im Motor gibt, oder?

Die Medikamente gegen Angst- und Panikstörungen sind genau das, und wenn sie Dir helfen, dann nur weil sie die Manifestation des Problems unterdrücken - die reinen Symptome - und Du glaubst fest daran, dass Du wirklich geheilt bist. Die Einnahme von Pillen, wodurch nach einigen wenigen Monaten eine starke Abhängigkeit in Deinem Körper entsteht, scheint mir ein direkter Weg zu noch mehr Problemen zu sein. Das musst Du wirklich sehr genau überlegen, da viele Menschen nach der Einnahme von Antidepressiva über eine Verschlechterung ihres Zustands berichten. Das kann man sehr einfach erklären: Du versuchst, einen Prozess zu stoppen, der stattfinden muss.

Du versuchst etwas zu "heilen", das Dich stattdessen heilen soll.

Selbst bei der Homöopathie muss man vorsichtig sein, da sich sowieso alles in Deinem Kopf abspielt. Ich hatte angefangen, einige Pillen zu schlucken, die angeblich das Nervensystem stärken sollten, und fühlte mich nach einer Woche damit besser, obwohl ich mir bewusst war, dass dies in der pflanzlichen Naturheilkunde schlicht unmöglich ist. Und dann wurde mir plötzlich klar, wie wichtig es ist, was Du denkst - ich dachte, ich wurde geheilt, und als Ergebnis fühlte ich mich immer besser. Aber irgendwann wurde ich wütend, weil ich nicht wollte, dass mein Zustand sich nur dank der dummen Pillen verbessert. Aus finanzieller Sicht konnte ich sie mir alle zwei Wochen nicht leisten, und außerdem bin ich eine Person, die jede Form von Routine hasst. Zu der Behandlung mit meinen homöopathischen Freunden gehörte beides. Die Lösung war die einfachste, die ich jemals getroffen habe. Ich hörte mit der Einnahme meiner täglichen Dosis auf, und dieses Horrorgefühl, das der Panikattacke vorausging, tauchte erneut auf. Was für eine Überraschung! Um diese kleine Sucht loszuwerden, brauchte ich etwa einen Monat. Ein Monat, in dem ich mir immer wieder sagte, dass Pillen nur Hoffnung bringen, ohne das Wesen des Problems zu behandeln. Ein Monat, in dem ich die Welt vom Placebo und Nocebo studierte. Das zweite, Nocebo, ist die umgekehrte Version des Placebo, wie Du wahrscheinlich vermutet hast. Die Homöopathie (ohne ihre positiven Eigenschaften zu bestreiten) war eine genaue Beschreibung der beiden Wirkungen: Placebo - während Du die Pillen nimmst und sich großartig fühlst, und Nocebo - wenn Du Deine "Dosis" absetzt, spürst Du buchstäblich Stunden später die Verstärkung negativer Gedanken. So wie ich es beschreibe, klingt es als würde ich über Drogen reden, was in der Praxis leider stimmt. Sei einfach extrem vorsichtig bei der Wahl Deiner Behandlung. Ziel ist es, die Angst vor der Angst zu verlieren, und nicht sich die Augen davor zu verschließen.

SOZIALISATION

Wenn die Panikattacke ein Teil Deines Alltags wird, verlassen Dich Deine Menschen nach und nach - nicht weil sie es wollen, sondern weil Du es nicht mehr in deren Nähe aushältst. Einige von uns kommen zu dem Punkt, an dem sie aufhören zu arbeiten, aufhören, mit Freunden spazieren zu gehen, jeglichen Kontakt zur Außenwelt abbrechen. Letztendlich führt dies zu einer Verschärfung der Symptome, da wir „verweichlicht" werden. Für sensible Menschen ist es essenziell wichtig, sich in Situationen zu begeben, von denen sie wissen, dass sie schwer zu bewältigen sind. Dies sind manchmal ganz banale Dinge, wie z. B. die Kommunikation mit dem Kassierer im Supermarkt oder der prophylaktische Check-up bei Deinem Hausarzt. In der Regel entscheiden wir uns dagegen, weil dies nicht dringend notwendig ist, und es gleichzeitig so viel Energie erfordert.

Je mehr wir uns jedoch von der Gesellschaft entfernen, desto mehr entfernen wir uns von uns selbst. Der Mensch ist ein soziales Tier, es hängt direkt von der unmittelbaren physischen Kommunikation (dies schließt offensichtlich die sozialen Netzwerke nicht mit ein) und der Existenz in einem ähnlichen Umfeld ab. Dass wir oft denken, dass uns keiner versteht, bedeutet ganz und gar nicht, dass wir keine Mitmenschen brauchen. Wenn wir uns zu sehr auf uns selbst, unsere Welt und unsere Probleme fokussieren, werden wir es kaum merken, wie viel wir mit jedem einzelnen Menschen teilen, der gerade die Straße entlang geht. Jeder hat Probleme, jeder möchte etwas Schönes für sich und die Menschen, die er liebt. Jeder lacht gerne, jeder möchte ein normales Leben führen. Jeder möchte öfter lächeln als weinen, jeder möchte respektiert und wertgeschätzt werden. Warum setzen wir dann all diese imaginären Mauern? Warum trennen uns dann Geschlecht, Rasse, Religion, Status, Geld? Warum schaffen wir es dann nicht, uns jeder Person nahe zu fühlen, die ebenfalls mit dem Leben kämpft?

Ich kann diese Spaltung auf der Erde nicht ertragen. Dass wir uns in getrennten Körpern befinden. Die einzige Person, die Du jemals wirklich kennen kannst, bist Du selbst, und selbst da ist es immer noch nicht garantiert, dass Du wissen kannst, mit wem Du zu tun hast. Wir leben in einer Zeit, in der wir eher ängstlich und aggressiv statt wohlwollend gegenüber unserem Nächsten sind. Frei nach dem Motto: "Ich will nicht, dass es mir gut geht, sondern nur dass es dem Anderen schlecht geht"...Na, wunderbar Wenn es wirklich eine Quelle / einen Gott gäbe, der/dem alles entspringt, was wir sind, hier in getrennten Körpern, damit er sich durch uns erkennen kann, musste er wirklich die Welt so erschaffen? Sich selbst zu verwirklichen, durch Selbstbeschränkung, Selbstausbeutung, Selbstmord und Blasphemie, und das in hundert verschiedenen Sprachen? Könnte nicht jeder instinktiv Zugang zu dem Wissen haben, dass wir alle Eins sind, bevor wir in diese Welt geboren werden mit der Überzeugung, dass wir ein Leben lang vollkommen allein sein werden? Ein bisschen humaner und effizienter wäre es jedenfalls. Aber nein, in den tiefsten und schrecklichsten Momenten unserer Existenz sitzen wir am Boden zerstört in Tränen übergossen, mit den Händen über dem Kopf zusammengeschlagen und fragen uns, warum die Dinge uns passieren. Und egal, wie oft wir uns wiederholen: "Nichts für ungut" und "Ohne Leiden können wir kein Glück erkennen", schafft es unser Gehirn nicht, von der einsamen Insel herauszukommen, auf der das Leiden nur Dir und keinem anderen Menschen gehört. Ich habe Engel, ich habe spirituelle Gurus, ich war noch nie alleine – come on! Wo sind die denn? Warum passierte nicht einmal in meinem Leben ein "Wunder" vor meinen Augen (und vor den Augen eines anderen, wenn möglich, damit ich nicht ein Leben lang mit der Vorstellung leben muss, dass ich Halluzinationen habe und bereit für die Klapsmühle bin)? Damit wir mit der Frage aufhören, ob mich jemand beschützt oder nicht beschützt. In dem Fall würde ich mich total absurd fühlen, zu der Luft in meinem Zimmer zu beten. Auch ich frage mich, ob es mehr gibt als diesen Körper, dieses Leben, diese Stimme in meinem Kopf, mit der ich aufwache und ins Bett gehe. Wir lesen spirituelle und religiöse Bücher und glauben, die Antworten auf diese Fragen zu kennen. Gleichzeitig hat niemand eine persönliche Erfahrung damit, um wirklich Bescheid zu wissen. Und noch mal wieder ... es gibt die – die Momente im Alltag, in denen wir den Kern eines jeden von uns mit den anderen teilen. Zumindest während Du Dich selbst bemitleidest, dass Du alleine aufwachst, kannst Du ruhig auch um den Rest der Menschheit weinen, weil sie ebenfalls auch nur mit sich selbst allein aufwachen. Der Punkt ist, einige von uns haben's gelernt, sich in ihrer eigenen Gesellschaft wohl zu fühlen. Aber Vorsicht: die meisten glauben, so ein Mensch sei ein Egoist, ein Einsiedler, ein sozialer Psychopath.

Nichts davon! Ich schaudere vor menschlichen Stereotypen! Die Natur ist dualistisch, nichts ist konstant und ich bin mir dessen voll bewusst. In diesem Buch hast Du höchstwahrscheinlich ungeheure Widersprüche gefunden, und das ist völlig normal. Jedem Wort, jeder Aussage, die aus meinem Mund kommt, kann ich selbst widersprechen, ohne dass der andere es tun muss. Ich hätte sogar eine viel bessere Argumentation als Deine, weil mir bewusst ist, dass ich recht habe, wenn ich etwas sage, und wenn ich das Gegenteil davon sage, hätte ich ebenfalls recht. Bei einer Person funktioniert eine Sache, beim anderen – das Gegenteil davon. Jeder wird mir zustimmen, wenn ich sage, dass man eine Person in verschiedenen Momenten hassen und lieben kann, richtig? Und wenn wir die Zeitlinie an einem Punkt zusammenbringen, werden wir feststellen, dass wir sie gleichzeitig hassen und lieben, eine unbestreitbare Tatsache. Wenn Du also jemanden nicht magst, kannst Du versuchen, ihn aus der Perspektive seiner wertvollsten Eigenschaften zu betrachten, anstatt sich auf seine negativen Qualitäten zu konzentrieren. Du kannst sie konstruktiv nutzen und dankbar sein, dass er Dir was beigebracht hat. Mit all meiner Ironie bin ich sehr ernst. Weil ich es satt habe, in einer Welt der Spaltung zu leben. Lieber verrückt und völlig unkonventionell zu sein, anstatt die Person mir gegenüber anzuschauen und zu überlegen, wie unterschiedlich ich von ihr bin. Alle Definitionen sind überflüssig, da weder sie noch Du das bist, was der andere von Dir hält. Sie können eine Person jeden Tag in einem anderen Licht sehen. Nach welcher Beständigkeit suchst Du in einem

Universum, das atmet? Alles verläuft auf und ab, von rechts nach links, geradeaus und zurück, und die Extreme sind das Ein- und Ausatmen. Du willst Gleichgewicht? Dann bleib in der Mitte, aber so hörst Du einfach auf zu atmen. Wenn der Ausgleichspunkt mehr als ein paar Sekunden dauert, schlägt die Stunde des Todes. Du darfst das Gleichgewicht suchen, das ist ein purer Lebenstrieb, mach Dir aber niemals Illusionen, dass Du es jemals finden wirst, weil absolutes Gleichgewicht den Tod bedeuten würde. Also habe ich beschlossen zu sehen, was sich im Leben ändern kann, anstatt das, wovon ich weglaufen muss, weil es "schlecht" ist. Ich entschied mich zu glauben, dass ich ein Teil des Ganzen bin, obwohl ich alleine in diesem Körper hausiere. Denn am Ende des Tages, wenn ich unglücklich bin, habe ich nur eine Person, auf die ich böse sein kann, und dies ist die Frau im Spiegel, die die Dualität der Natur nicht versteht. Entweder akzeptierst Du die dunkle Seite der Existenz und fängst an, sie zu lieben, oder Du führst ein Leben voller Enttäuschung, Leiden und Momente totaler Verzweiflung, die nur da sind wegen... Deinem Wusch, dass sie nicht da sein dürfen. Daher ist die Sozialisation ein Schlüsselfaktor für die Heilung einer Person. Wenn Du mit Menschen in Kontakt trittst, die Dir zeigen, dass wir alle gleich sind, auch wenn es scheinbar anders ist, wirst Du sofort eine innere Veränderung spüren. Die Isolation wird Dir als ein absurder Weg vorkommen, um Frieden zu schließen, denn Kommunikation ist eine Form gegenseitiger Hilfe. Und wenn Du und der Mensch gegenüber eins seid, wirst Du schnell erkennen, dass die Hand, die Du dem anderen ausstreckst, dieselbe Hand ist, die Du Dir selbst ausstreckst. Mit der Zeit wird sich Dein Herz mit Liebe füllen, und da wo Liebe ist, gibt es keine Angst.

ERNIEDRIGUNG

Panikattacken betreffen am häufigsten hochsensible Menschen, die über die angeborene Fähigkeit, Rücksicht zu nehmen, verfügen. Wir können uns besser auf unsere Umgebung einlassen. Wir wissen fast immer, wie wir uns angemessen verhalten. Mit etwas mehr Glück werden wir dann als "normal" wahrgenommen. Normal zu sein heißt für mich so was wie einfach nur ich selbst, authentisch zu sein. In dem Moment, in dem jemand oder etwas Deinen freien Ausdruck einschränkt, entsteht ein Problem. Natürliche Impulse werden absichtlich abgestumpft, sie müssen aber zum Ausdruck gebracht werden. Beim Lesen in Foren und Gruppen für Menschen mit diesem Problem stieß ich ständig auf Sätze wie: "Ich weiß nicht, wie ich zur Arbeit gehen soll, wenn es mir wieder passieren sollte. Meine Kollegen werden denken, ich bin nicht ganz dicht!" Oder: "Ich kann nicht ausgehen – es könnte passieren, wenn ich draußen bin!" Diese Fragen werden durch das Gefühl verursacht, dass wir von den "Normalen" verurteilt und ausgeschlossen werden. Als würden sich „die Anderen" niemals unangemessen verhalten, darum bemühen wir uns, um jeden Preis selbstbeherrscht zu bleiben. Ein anderes weit verbreitetes Denkmuster lautet: "Ich kann nicht, ich muss für meine Kinder stark sein!". Was halten Deiner Meinung nach Deine Kinder davon, dass Du nur wegen denen stark sein musst? Willst Du nicht etwa den Eindruck bei Deinen Kindern erwecken, dass Menschen nie leiden dürfen oder immer die Kontrolle über eine Situation behalten müssen? Würden sie sich nicht selbst als zerrissen, isoliert und anormal empfinden, wenn sie sich mal selbst schwach fühlen? Du musst dieses alte Denken loswerden, weil es weder Hilfe noch ein gutes Vorbild ist. Niemand sollte sich jemals dafür schämen, was ihm passiert (ist). Deshalb empfehle ich Dir, Dich selbst öfter in der Öffentlichkeit absichtlich zu demütigen, um zu verstehen, dass Du nicht das bist, was die Leute über Dich denken. Du hast die vollkommene Freiheit. Du kannst Dein Lieblingslied laut singen, während Du die Straße hinuntergehst. Du kannst tanzen, springen, aussehen wie Du magst, Dich auf der Wiese im Park rumwälzen, solange es Dir wirklich ein inneres Bedürfnis ist. Die Dinge, die für Dich selbst authentisch sind, sind niemals "anormal", ganz im Gegenteil - sie machen Dich echt. Wirklich frei, im Gegensatz zu allen anderen, die es gewohnt sind, dorthin zu gehen, wo man Dich erwartet und danach zu handeln, wie die Gesellschaft befiehlt. Es geht nicht darum, sich in einen totalen Rebellen zu verwandeln – versklave Dich nicht für die Auffassungen anderer Menschen. Wenn etwas nicht mit Deinem inneren Selbst in Einklang steht (vielleicht einige Zeilen in diesem Buch?), dann tue es einfach nicht. Und wenn die Gesellschaft, in der Du lebst, Dich für Dein „anderes" Verhalten als das ihrige verurteilt, musst Du dringend Deine Umgebung ändern und solltest Deinen Panikattacken dankbar sein, weil sie Dir nur eins sagen: "Jetzt ist die richtige Zeit gekommen".

ERDUNG

Dies ist sicherlich mein Lieblingskapitel, eigentlich verdient es ein ganzes Buch. Die Essenz der Erdung besteht buchstäblich darin, sich mit der Erde zu verbinden. Dies geschieht am besten, wenn Du barfuß auf Gras, Erde oder anderen natürlichen Oberflächen läufst. Die Aktion ist elementar und empirisch nachgewiesen. Es ist bekannt, dass die Erde eine negative Ladung hat. Wenn Du mit Deinen Händen Deine Füße berührst, barfuß auf dem Boden läufst oder direkt darauf liegst, werden die Elektronen in Deinem Körper den Elektronen der Erde angeglichen. Wenn der Boden leicht feucht oder nass ist, ist die Verbindung noch besser. Es ist wichtig, dass dies häufig geschieht, da der Mensch ständig übermäßige Elektrizität in seinem Körper ansammelt. Besonders heutzutage, wenn wir mit einem Telefon neben dem Kopf und einem Laptop auf dem Schoß schlafen gehen. Alle elektromagnetischen Wellen beeinflussen uns, weil wir auch nach diesem Prinzip funktionieren. Alles in der Welt und im Universum arbeitet nach dem Prinzip des Wellen- und Energieaustauschs. Deshalb war das Erden schon immer der natürlichste Weg des inneren Energieausgleichs bis zu dem Moment ... als wir aufgehört haben, dies zu tun.

Vor tausend Jahren sind die Menschen barfuß auf dem Boden gelaufen, aber eines Tages sagte jemand: "Nein, ich muss meine sanften Füße vor rauem Boden und giftigen Schlangen schützen, also kleide ich meine Füße in dicker Tierhaut ein." Und das war keine schlechte Idee, denn natürliche Haut, so wie Leder ist ein guter Dirigent. Aber mit der Zeit kamen die künstlichen Stoffe, die Menschen entfernten sich sehr von der harten Erde, und mit der Erfindung der Gummisohle verschwand unsere Verbindung mit der Erde. Super - wir wurden klüger, kreativer, wir haben Medikamente und Impfstoffe gegen Krankheiten erfunden, durch die Zehntausende Menschen in der Vergangenheit umkamen, aber wir werden stets schwächer und kränker. Der moderne Mensch wundert sich naiv, warum ihm all diese Dinge widerfahren und warum er sich zunehmend schlechter fühlt, obwohl er immer mehr von dem besitzt, was er glaubte, ihn gesund und glücklich zu machen. Er vermisst es, den wichtigsten Teil hinzuzufügen - die Energie. Die Entfernung von der Natur kann nicht ohne schwerwiegende Folgen für unsere körperliche und geistige Gesundheit sein. Unsere Lebensmittel haben angefangen, ihr natürliches Element zu verlieren, und ist es schwierig, einen Namen auf der Verpackung im Supermarkt zu finden, den wir kennen. Das Mindeste, was wir tun können, das mag seltsam und ungewöhnlich klingen, ist häufiger barfuß zu laufen. Der Körper beginnt selbst zu heilen, nur durch das Laufen. Die Ergebnisse wirst Du selbst nach einer halbstündigen Wanderung auf dem Gras spüren, wenn Du schließlich unter der Krone eines dicken Baumes landest. Wenn das Wetter kalt ist, reicht es aus, Deine Hand auf die Rinde zu legen und ihn zu umarmen. Es gibt Tausende von Menschen, die selbst chronische und schmerzhafte Krankheiten durch Erdung überwunden haben. Besonders inspirierend in dieser Hinsicht ist die Geschichte von Mick Dodge, die es wert ist, gelesen zu werden. Eine Reihe von Studien hat gezeigt, dass der Cortisolspiegel, die Blutviskosität, Entzündungsprozesse im Körper und natürlich das menschliche Nervensystem direkt von der Erde beeinflusst werden. Nein, ich bin kein verrückter Hippie, der herumläuft, Bäume umarmt und ohne Grund auf grünen Wiesen herumhängt. Ich erinnere mich, als ich noch Panikattacken hatte, wie ich barfuß lief, in den Garten hinter dem Haus ging und mich jeden Tag mindestens eine halbe Stunde lang an die Sonne setzte. Die Nachbarn dachten wahrscheinlich, dass ich komplett verrückt bin, aber wie gesagt, die Authentizität und die Erniedrigung sind Teil der Problemlösung, also hatte alles seinen Gang. Ich fühlte mich wunderbar, entspannt und aufgeladen. So habe ich fast den ganzen Sommer über barfuß in meiner Heimatstadt Veliko Tarnovo verbracht. Alle wunderten sich und fragten mich ständig, warum ich das tat. Ich wusste nicht, was ich ihnen sonst sagen sollte, außer dass ich mich dadurch besser fühlte als je zuvor und vielleicht sollten sie nicht fragen, sondern es lieber selbst ausprobieren.

MEHR SCHLAF

Ich habe eine besondere Einstellung zum Schlafen als Prozess und das seitdem ich auf dieser Erde bin. Ich habe immer viel Schlaf gebraucht. Die Ärzte sagen, Schlaf ist Gesundheit. Einige Gurus behaupten wiederum, der Körper werde durch viel Schlaf schwach und zerbrechlich. Für mich war der Schlaf jedoch immer ein wesentlicher Faktor für die Gesundheit meines Gehirns. Ich war schon immer entsetzt von der Vorstellung, an Schlaflosigkeit zu leiden. Ich gebe mir maximal zwei Tage zu leben. Der Schlaf, dieser kleine Tod vor dem neuen Tag, ist etwas, das jeder Mensch braucht, um von vorne beginnen zu können, frisch und voller Kraft. Es ist äußerst wichtig, dass man qualitätsvoll und ununterbrochen, also durchgehend schläft. Je schlimmer ich mich fühle, je größer mein psychischer Stress gerade ist, desto öfter muss ich diesen Neustartknopf drücken. Es sollte jedoch nicht mit einem Escape-Button verwechselt werden, wie viele Psychologen und Psychiater es gern deuten. Du läufst vor nichts weg. Träumen ist keine Flucht vor der Realität und Kraft für den nächsten Tag im Schlaf zu tanken, ist keine schlechte Angewohnheit. Es kann sich in diese verwandeln, wenn es mehr als zweimal am Tag passiert und Du die ganze Zeit im Bett herumhängst, um so die Zeit zu vertreiben, in der Du normalerweise wach bist. Aber ich glaube nicht, dass jemand so verwirrt sein wird zu glauben, dass dadurch irgendwelche Lebensprobleme gelöst werden können - mit einer Verzögerung bis ins Unendliche. Im Gegenteil, die Panikattacke kann in Dein Leben gekommen sein, um diesen Zyklus zu beenden.

Höchstwahrscheinlich sage ich Dir nichts Neues, aber die besten Stunden für den Schlaf sind die, bei denen es draußen dunkel ist. Was für eine Überraschung! Du kannst über Deine Großmutter lachen, die "mit den Hühnern ins Bett" geht und "mit den ersten Hähnen" wach wird, aber sie hat sicherlich kaum mehr als Aspirin in ihrem Leben probiert. Denn mit dem Austricksen unserer biologischen Uhr durch künstliches Licht entfernen wir uns wieder von den Naturgesetzen, und dies kann nicht ohne negative Auswirkungen auf uns selbst bleiben. Ich sage nicht, dass ich um acht Uhr abends ins Bett gehe und um fünf Uhr morgens aufstehe, aber ich habe es versucht. Während der Heilungsphase versuchte ich, die wertvollsten Schlafstunden vor Mitternacht einzuhalten, obwohl ich die Gewohnheit hatte, in den ersten Stunden des neuen Tages ins Bett zu gehen. Dies ist der natürliche Weg für den Körper, sich zu regenerieren. Schau Dir die Tiere an - wenn es einem Tier schlecht geht, weidet es keine Heilkräuter, liest keine spirituellen Bücher, stöhnt nicht und fragt sich nicht unruhig, was es haben könnte. Natürlich ist das Beispiel in dieser Form absurd. Das einzige, was ein Tier tut, wenn es sich regenerieren muss, ist zu schlafen. Es schläft, isst nicht viel oder überhaupt nicht, und wenn sich sein Zustand nicht verschlimmert, und es nicht sterben sollte, dann wird es innerhalb von einem oder zwei Tagen gesund. Und da Du an der Panikattacke nicht sterben kannst, rate ich Dir, dem Beispiel der Tiere zu folgen und einfach Deinem Körper Ruhe zu gönnen. Etwas mehr als Du es sonst tust, denn Du hast offensichtlich eine Grenze Deines Körpers überschritten, und die Panikattacke war notwendig, um den Stress loszuwerden. Ruhe Dich aus, beeil Dich nicht, überlade Dich nicht, überarbeite Dich nicht. Und ich weiß, dass viele Leute sagen werden: "Aber wie? Ich bin Mutter, ich habe Verantwortung!" Oder: "Ich lerne hart, ich kann jetzt nicht aufhören zu unterrichten!" Oder "Ich arbeite und unterstütze meine Familie, wie kann ich mich zur Ruhe setzen? Ich bin festgefahren!" Ja, ich bin mir dessen bewusst, dass Du Dir manchmal keine Auszeit nehmen kannst, um Dich mit Sonnenenergie zu stärken und den ganzen Tag Bäume zu knuddeln. Genau aus diesem Grund gebe ich Dir all diese Alternativen, von denen ich jede ausprobiert habe, so dass Du auch Deine Kombination entdecken kannst, die für Dich machbar ist. Wenn Du jedoch gar keine Zeit und Gelegenheit hast, diese Dinge zu tun, glaube ich, dass die Panikattacke gerade rechtzeitig gekommen ist, weil Deine Lebensweise für Deinen Körper unerträglich geworden ist. Der Stress hat überhandgenommen und begonnen, alles in Dir von innen nach außen zu ruinieren. Du musst einen Punkt setzen und Deine Prioritäten neu überprüfen. Wie viel musst Du noch ertragen, um auf Deine eigenen Bedürfnisse zu achten? Ist Ehrgeiz wirklich so wichtig? Musst Du auf alle anderen achten, in Deinem Wunsch, eine verantwortungsbewusste und liebenswerte Person zu sein, nachdem Deine Gesundheit ernsthaft von anderen Krankheiten bedroht ist, für die Stress definitiv ein Auslöser ist? Und ist das Denken an Dich selbst in erster Linie eine Manifestation von Selbstsucht, oder eine echte Fürsorge für die Menschen, die sich auf Dich verlassen und Dich lieben?

KEINE ZIGARETTEN, KEIN ALKOHOL

"Hey, warte, warte! Wann bist Du von Empfehlungen zu Direktverboten übergegangen?" - würdest Du sagen. In dem Moment, in dem Du dieses Buch in die Hand genommen hast und wirklich beschlossen hast, Dir selbst zu helfen. Es ist nicht notwendig, dass ich Dir einen Vortrag darüber halte, wie schädlich Drogen sind, aber auch Alkohol und Zigaretten, die man ebenfalls dazu zählt, werden trotzdem frei verkauft, weil sie nicht sooo schädlich seien. Ein großer Irrtum. Seit Jahrzehnten arbeiten Wissenschaftler an Studien, in denen Schäden durch Alkohol nachgewiesen werden. Die meisten Menschen halten jedoch immer noch die Augen geschlossen und kippen jeden Abend ein reichlich gefülltes Glas herunter. Man kann sagen, dass der freie Zugang zu Alkohol eine Form ist, Darwins Gesetz der natürlichen Auslese zu bewahren. Da wir aber in einer zivilisierten Welt leben, wünschte ich mir, keinem Zwanzigjährigen mit einer Leberzirrhose zu begegnen. Irgendwie unmenschlich und einfach grauenvoll. In einer Studie von David Nutt von 2015 werden Drogen nach sechzehn Kriterien getestet, und Alkohol führt überraschenderweise vor allen anderen. Heroin steht übrigens an zweiter Stelle und sein Schaden ist im Vergleich zum Alkohol bis zu 20% geringer. "Nein, nein, völliger Blödsinn, das kann nicht sein." Okay, dann teste es selbst aus. Ich empfehle Dir auf keinen Fall, einen Monat mit einer Spritze in der Hand zu verbringen, um sie mit einem miesen Monat voller Blutvergiftung durch Alkohol zu vergleichen um aus erster Hand zu verstehen, wie und warum. Du wirst nicht überleben, um die Chance zu haben, eine Schlussfolgerung zu ziehen. Im speziellen Fall von Panikattacken ist es wichtig, den Grund für die Vermeidung von Drogen zu nennen - sie lösen den Menschen von der Realität. Sogar durch Zigaretten, die sich nach Kokain und Methamphetamin an sechster Stelle in der Liste befinden, stumpft man mit der Zeit emotional ab. Die Sinneswahrnehmung wird gedämpft und deshalb werden wir so danach süchtig. Von Hochsensiblen werden wir irgendwie ... wie die anderen. Normal. Du trinkst paar Gläser Rotwein und über welche Panikattacken reden wir überhaupt? Es folgt Philosophieren mit unermesslich geringem Gewinnpotential, dafür aber begleitet von einem heroischen, wertvollen, meist völlig grundlosen Lachen. Okay, Lachen ist gesund und am nächsten Morgen? Da eben noch mehr davon! Und so verwandeln sich, meine Damen und Herren, stinknormale Menschen in Alkoholiker. Du kannst es Dir nicht leisten, in eine Situation zu geraten, die die Notwendigkeit einer Panikattacke nur vergrößert. Du wirst sie mit Alkohol jagen, oder Du wirst Marihuana paffen, um Dich zu trösten, aber sie wird geduldig auf Dich warten, und jedes Mal, wenn Du "clean" bist, wird sie Dich mit ihrer schrecklichsten Kraft einholen, weil ihr Ziel ist, Dich von etwas zu befreien. Süchte sind schlichtweg überall. Im folgenden Kapitel stelle ich Dir die häufigste vor - das Essen.

GESUNDE LEBENSWEISE

Schwere Artillerie. Ich begann mit einem Trink- und Rauchverbot, und jetzt werde ich Dir sogar verbieten das zu essen, was Du liebst. Und ich weiß, dass Du bereits die Stirn runzelst, Du hast keine Lust auf die Extremen dieser Verrückten, und bist bereit, das Buch zuzuklappen und auf den Müllhaufen zu werfen. Beruhige Dich und lies weiter, ich verbiete Dir natürlich nichts. Es ist nicht garantiert, dass es Dir dasselbe Ergebnis bringen wird, wie mir. Wenn wir die Dinge jedoch rein physiologisch betrachten, werden wir schnell feststellen, dass die meisten Probleme der Menschen und zwar nicht nur derjenigen, die unter Panikattacken leiden, das Resultat falscher Ernährung sind. Ich weiß nicht, ob es Dir bewusst ist, wie viele Deiner Emotionen tatsächlich auf die Hormone und den Spiegel der verschiedenen Elemente in Deinem Körper zurückzuführen sind. Nach einem Stück Schokolade nimmt die Welt eine andere Farbe an, oder? Du bist energiegeladen, der Serotoninspiegel erreicht den Himmel und ein glückliches Lächeln strahlt in Deinem Gesicht. Und was machen wir dann später? Wenn die Schokoladenwirkung vorbei ist und Du plötzlich in ein tiefes emotionales Loch fällst. Verschlingst Du dann mehrere Nutella-Gläser mit flüssiger Schokolade? Dies ist das gleiche wie das Trink- und Heroin-Experiment für einen Monat. Lass mich erklären, warum das Ungleichgewicht der Elemente in Deinem Körper Probleme verursacht, warum Essen so wichtig ist und warum Du mit dem Zucker in Deiner Ernährung vorsichtig sein musst.

Er wird viele Reaktionen in Deinem Körper hervorrufen, die Deine Lieblings-Amygdala mit dem Gefühl einer Panikattacke identifiziert. Und wenn diese Verbindung hergestellt ist, weißt Du, was los ist? Eine Panikattacke, verursacht durch eine Panikattacke. Brillant!

Die Symptome eines Zuckerschocks sind genau die gleichen. Wenn eine große Menge Glukose in Deinen Körper injiziert wird, stimuliert dies die Freisetzung einer großen Menge Insulin. Und mit dem hohen Insulinspiegel im Blut kommt es zu verschwommenem Sehen, einem schwierigen Fokussieren und benommenem Denken. Für Dein Gehirn ist es normal, eine solche Verbindung herzustellen, da die Symptome bei einer Reihe von Problemen fast identisch sind. Man kann nicht unendlich viele Dinge haben. Bei einem Schmerz fünf Zentimeter rechts von Deinem rechten Nasenloch sagt Dir auch kein Arzt direkt: "Oh ja, das ist definitiv ein Symptom von ... was auch immer". Wenn wir Kopfweh haben und wir Fieber kriegen, kann es sowohl eine Erkältung als auch ein Gehirntumor sein. Leben! Schließlich verlaufen viele Symptome nach Höhen und Tiefen. Einer Höhe folgt immer ein rascher tiefer Rückgang, dessen Entzugserscheinungen (wie Zittern und Nervosität) uns wieder an eine Panikattacke erinnern, und so tapsen wir in einen törichten Teufelskreis hinein. Ich persönlich glaube fest daran, dass wir zumindest versuchen können, die Einnahme von Substanzen zu kontrollieren, die uns daran erinnern, dass wir Panikattacken haben oder gehabt haben. Wir werden also nicht nur aufhören, weitere Panikattacken zu bekommen, sondern wir werden auch ein gesünderes und erfüllteres Leben führen. Wenn wir solche

Nahrungsmittel zu uns nehmen, ist es gut, zumindest darüber zu wissen und sich nicht zu wundern, weil wir uns "seltsam" fühlen, nachdem wir einen Topf Schokoeis gegessen haben. Eine Person, die nie Panikattacken gehabt hat, wird nie verstehen, was Du meinst, wenn Du sagst, dass Du Dich nicht gerne mit Lebensmitteln vollstopfst, weil Du das Gefühl hast, eine Panikattacke zu bekommen. Derjenige, der jedoch eine hatte, weiß, wie es ist, wenn sein Herz ein Tick schneller schlägt und auf die Erscheinung weiterer Symptome wartet, um herauszufinden, ob er sich Sorgen machen muss, oder ob es nur die Kaffeewirkung war. Wenn wir über Kaffee reden, schmeiß ihn sofort weg! Es gibt kein "Ich kann nicht ohne Kaffee aufwachen". Zumindest wenn Du in einigen Jahren nicht mit einer morgendlichen Dosis von Beruhigungsmitteln aufwachen möchtest... Sogar alles Koffeinhaltige (von unvorstellbar schädlichen Energiegetränken bis hin zu nützlichem Grüntee) solltest Du sofort weglassen. Stimulanzien = Feind. Die grundlegendste Sache ist, Nahrungsmittel mit einem relativ niedrigen glykämischen Index auf Kosten derjenigen zu essen, die zu "seltsamen, panik-kardialen" Empfindungen führen. Du kannst viele Informationen darüber im Netz finden, welche Lebensmittel aus beiden Kategorien stammen, aber im Allgemeinen sind diejenigen mit hohem Glukosegehalt: alle gebratenen Lebensmittel, Kohlenhydrate (Brot, Reis, Kartoffeln), Schokolade, kohlensäurehaltige Erfrischungsgetränke, Eis, Gummibärchen; auch der ansonsten nützliche Honig sowie die Bananen, vor allem die reifen. Niedrigen Glukosegehalt hat Gemüse, vor allem grünes Blattgemüse; viele

Früchte (Äpfel, Birnen, Pfirsiche, Zitrusfrüchte, Kirschen, sogar getrocknete Aprikosen), sowie Nüsse. Wenn es Dir extrem erscheint, dann bist Du nicht für eine Lebensumstellung bereit, Du glaubst nicht, dass Du von den meisten "problematischen" Lebensmitteln unangenehme Gefühle bekommst. Dann empfehle ich Dir ein Tagebuch zu führen, wo Du aufschreibst, was Du gegessen hast und wie Du Dich allgemein gefühlt hast. So weißt Du genau, welche Nahrung Deine Angst auslöst und verstärkt, und welche Dich erfrischt, leicht und entspannt macht.

Ich möchte noch ein weiteres Thema ansprechen, das sich auf die Gesundheit bezieht. Manchmal ist es subjektiv. Wenn es Dir scheinbar besser als den Menschen um Dich herum geht, ist es leicht zu glauben, dass Du gesund bist, aber Du brauchst vielleicht eine zweite Meinung. Eine medizinische Meinung. Vor allem, wenn Du eine Frau bist, ist es unerlässlich, Deinen Hormonspiegel zu überprüfen. Eigentlich ist bei beiden Geschlechtern eine allgemeine Untersuchung der Werte der verschiedenen Elemente im Körper sinnvoll, ein großes Blutbild. Manchmal gibt es Zustände im Körper, die ohne Symptome oder mit Symptomen einhergehen, die in Deinem Leben so häufig vorkommen, dass Du der Meinung bist, eine chronische Migräne zu haben, also was ganz Normales für Dich. Wenn Du ein unbehagliches Gefühl hast, ganz zu schweigen von einem systemischen Unwohlsein, musst Du überprüfen, was mit Deinem Körper los ist. Oder mach einfach eine Entgiftungswoche, ein paar Tage nur Wassertrinken etc. Der größte Teil des Immunsystems befindet sich tatsächlich im Verdauungstrakt. Jeder Arzt kann Dir die

Verbindung zwischen Bauch und Kopf erklären. Wenn Du verliebt bist, hast Du "Schmetterlinge im Bauch". Wenn Du besorgt bist, liegt Dir etwas "schwer im Magen". Antidepressiva werden oft mit Magen- und Übelkeitsproblemen in Verbindung gebracht. Viele unserer Emotionen stehen in direktem Zusammenhang mit Empfindungen in diesem Bereich des Körpers. Wenn eine Person beispielsweise Darmprobleme hat, sind daher auch andere rein physiologische Symptome wie Verstopfung, Durchfall, Blähungen, Schweregefühl nach dem Essen psychisch spürbar: Benommenheit, Depressionen und Angstzustände, negative Gedanken und wer weiß – vielleicht sogar Panikattacken? Meine Ärztin sagt: Alles beginnt im Darm. Wenn Du also Magenprobleme hast, suche Dir am besten einen Gastroenterologen. Möglicherweise ist Dein Angstproblem rein physiologisch. Auf der spirituellen Ebene werden solche Zustände jedoch bei Menschen beobachtet, die nicht genug an sich selbst glauben. Selbst wenn sie willentlich, energisch und ehrgeizig aussehen, sind diese Leute Perfektionisten, die niemals glauben, dass sie genug getan haben. Also das Gefühl, dass sie keine Kontrolle über ihr Leben haben oder dass sie etwas nicht schaffen, verursachen Probleme im Verdauungstrakt.

Du kannst Dich um Deinen Körper kümmern, aber wenn Du nicht für Deine psychische Gesundheit sorgst, wird das körperliche Problem nur temporär beseitigt. Wenn Du innere Stärke und einen unerschütterlichen Glauben an Dich selbst entwickelst, ohne an jedem Schritt zu zweifeln, was richtig und was falsch war, und stattdessen intuitiv reagierst, dann wirst Du sicherlich nie mehr Magenverstimmungen haben. Der Körper kann nicht geheilt werden, wenn der Geist nicht daran glaubt, dass die Dinge jemals funktionieren werden. Die Gedanken sind stärker als die Materie, sei also in erster Linie vorsichtig, wie Du über Dich selbst denkst. Schließlich bist Du immer Dein bester Gesundheitsexperte. Die Essensmoden und spirituellen Heilmethoden werden weiterhin kommen und gehen, aber das Beste, was Du tun kannst, ist, Dein eigenes Verständnis für Deine eigenen Gesundheitsgewohnheiten zu entwickeln. Du wirst es mit der Zeit spüren, solange Du auf Deinen Körper hörst. Er gehört nur Dir, also pass gut auf ihn auf. Niemand kann oder sollte jegliche Entscheidungen für Dich treffen.

KÖRPERÜBUNGEN

Es ist sehr wichtig, dass die richtige Ernährung mit Bewegung kombiniert wird. Weil Bewegung in direktem Zusammenhang mit der Adrenalinausschüttung im Körper steht. Am Gefährlichsten ist es, wenn wir einen sesshaften Lebensstil ohne jegliche körperliche Belastung führen. Dann sammelt sich das Adrenalin im Laufe der Zeit aufgrund des Alltagsstresses an, aber es wird nicht ausgeschüttet, weil die Bewegung immer noch unzureichend ist. Irgendwann wird es mit brutaler, verheerender Kraft freigesetzt, in der Form einer Panikattacke.

Die Zunahme dieser Art von Problemen ist heutzutage auf die Verdrängung des Menschen aus seiner natürlichen Umgebung zurückzuführen - die Flucht vor der Natur, die wir im Kapitel mit der Erdung behandelt hatten. Wir haben Jahrtausende lang hart daran gearbeitet, gejagt, um Essen zu finden, wir haben Häuser mit beiden Händen gebaut. Und jetzt hauen wir den ganzen Tag auf die Tastatur, am Ende des Monats bekommen wir genug Geld um nicht jagen zu müssen, um uns Abnehmpillen zu kaufen oder jemanden anzurufen, der die lästige Körperarbeit für uns erledigt. Unser Gärtner wird jedoch aufgrund seines täglichen Kontakts mit der lebenden Natur wohl keine Stress- oder Angstprobleme haben, während wir ihn heimlich im Garten arbeiten sehen, unsere Anti-Stress-Pillen mit einem kohlensäurehaltigen Getränk runterschlucken, und uns dabei vorstellen, wie extrem unglücklich er sei und wie er davon träume, wie wir zu sein....Leider ganz im Gegenteil. Wenn Du denkst, dass es nicht der Fall ist, dann schau Dir Deine Eltern an, die beim Wort Panikattacke wahrscheinlich die Stirn runzeln. Sie haben in ihrem Leben noch nichts davon gehört, geschweige denn erlebt. Der Unterschied zwischen Dir und ihnen? Von der Erde bis zum Himmel, beginnend mit der Qualität der Ernährung, den Idealen der "damaligen Zeit", bis hin zu den Technologien, mit denen die verschiedenen Generationen aufwachsen, was letztlich eine völlig andere Lebensweise bestimmt. Deshalb denke ich, dass diese Art von Angststörungen eine Frage der "heutigen Zeit" ist. Nicht, dass die "modernen Zeiten" und Technologien schlecht sind. Im Gegenteil, es ist eine natürliche Entwicklung, über die ich in den letzten Kapiteln sprechen werde. Wir müssen lernen, wie man mit einer solchen Veränderung überlebt. Und das geht immer Hand in Hand mit dem Schmerz. Damit das Neue geboren werden kann, muss etwas aus dem Alten sterben und all dieser Prozess wird so beschleunigt, dass wir stolpern und buchstäblich sterben, bevor wir überhaupt gelernt haben zu leben. All der Fortschritt und all die Bequemlichkeiten des modernen Lebens bringen uns langsam um, ohne dass wir es merken. Okay, vielleicht ist es nicht so dramatisch, aber in den USA würden die Leute nicken. Und wenn es schon irgendwo passiert, wird es irgendwann auch hierher kommen. Aber keine Panik! Alles ist unter Kontrolle, Deiner Kontrolle. Und manchmal ist das Loslassen der Kontrolle sogar eine Art von Kontrolle. Wenn Du feststellen solltest, dass Du mehr als zehn Stunden pro Tag im Internet verbringst, dann wird es Zeit für eine Realitätsprüfung. Dies muss radikal geändert werden. Bringe die körperliche

Aktivität wieder in Dein Leben, wenn es sein muss mit Druck. Ich versichere Dir, dass Du innerhalb einer Woche eine spürbare Veränderung erleben wirst. Dass sich Dein Geist von besorgniserregenden Gedanken, und Dein Körper vom überschüssigen Adrenalin, lösen werden. "Der Sport ist die ultimative Lösung", habe ich mein Leben lang gehört und habe den Kopf hängen lassen, weil ich körperlich das verdammteste Weichei schlechthin bin. Ich mache zwei Liegestützen, und liege aufm Boden wie ein aufgeblasener Ballon, renne zehn Meter, um meinen Bus zu erwischen, und bin anschließend für fünfzehn Minuten komplett aus dem Atem. Mit anderen Worten, ich war und bin immer noch in der Hinsicht ein komplettes Taugenichts. Man kann sagen, dass ich dringend eine Veränderung bräuchte, aber dazu bin ich selbst gekommen, als mir bewusst wurde, dass die tägliche Bewegung so gute Ergebnisse liefert. Aber wenn Du anfängst, ist es etwas unheimlich, denn was passiert, wenn Du Seil springst oder Du Sit-ups machst? Damit Dein Körper mit der Belastung fertig wird, beginnt das Herz schneller zu schlagen, Du atmest schneller, damit die Zellen mehr Sauerstoff bekommen, und Dein Gehirn sagt: "Warte ... warte ein wenig." Ist das vom Training oder bekomme ich wieder einen Anfall?!"; und bevor Du Dir die Frage beantworten konntest, bekommst Du plötzlich Angst und anschließend eine echte Panikattacke. Es ist daher wichtig, dass alles Schritt für Schritt geschieht. Angst löst das Problem aus, nicht die Symptome. Nimm Dir die Zeit, Dein Gehirn an die Trainingsroutine zu gewöhnen, damit es sich an die gleichen Symptome gewöhnen kann und kapiert, dass es nichts zu befürchten gibt. Als Bonus wirst Du bei täglicher körperlicher Aktivität mit einem besseren Selbstwertgefühl und Toleranz für diese Symptome belohnt. "Gesunder Geist im gesunden Körper" – davon schon mal gehört? Wenn Du Dich zum Beispiel in einem Raum mit vielen Menschen aufhältst, selbst wenn Du keine Panikattacken gehabt hast, kann es sein, dass Dein Kopf beginnt sich zu drehen und Du Dich fragst: "Was zum Teufel ist wieder los?" Wenig Sauerstoff und zu viel Kohlendioxid im Raum - das ist passiert. Wenn Du regelmäßig joggst, wirst Du mit der Zeit langsamer atmen, da Dein Körper immer weniger Sauerstoff benötigt, um Deine Zellen und Muskeln in voller Bereitschaft zu halten. So wird er in einem Raum mit weniger Sauerstoff den gesunkenen Pegel an Sauerstoff kaum registrieren und es ist sehr unwahrscheinlich, dass er darauf reagiert, weil er bereits trainiert ist. Und wenn Sport überhaupt nicht Deins ist, dann erinnere Dich einfach daran, Dich tagtäglich mindestens eine halbe Stunde zu bewegen (schnelles Laufen z.B.), wenn möglich an der frischen Luft. Ich habe zum Beispiel getanzt! Ja, ich habe eine halbe Stunde lang jeden Tag zu meinen Lieblingssongs getanzt und fühlte mich großartig. Je intensiver und herzschlagerregender die Körperaktivität, desto besser, aber das ist nur meine Meinung. Für jeden Menschen gibt es eine andere Praxis. Aber es gibt immer noch ein sehr ernsthaftes Problem, mit dem ich mich befassen muss.

KEIN INTERNET

Ja, ich weiß, wie schrecklich das klingt. Und dabei noch sehr heuchlerisch, angesichts der Tatsache, dass ich fast den ganzen Tag am Computer bin, weil das, was ich mache, hauptsächlich online passiert. Sogar jetzt gerade bin ich wieder am Laptop, es ist viertel vor 2 Uhr nachts. Alles, was ich in den vorangegangenen Kapiteln geschrieben habe, insbesondere der Teil mit dem frühen Schlafengehen, klingt nun völlig unseriös. Aber lass uns das nicht ganz wortwörtlich nehmen, am Ende des Buches wirst Du verstehen, warum das alles so ist. Gib mir jetzt die Gelegenheit, Dir zu erklären, was ich meine, wenn ich "kein Internet" sage.

Erinnerst Du Dich an die Erdung wegen der täglichen „Energieverschmutzung" des Körpers durch die elektromagnetische Strahlung der Geräte, mit denen wir täglich zu tun haben? Wenn die Mikrowelle ohne Konkurrenz den ersten Platz einnimmt, folgen unsere Mobiltelefone, Router und die Computer direkt danach. Okay, schön, Du gehst raus, verbleibst ein wenig im Garten, umarmst zwei Bäume und kommst komplett erneuert nach Hause. Was ich meine ist etwas ganz anderes. Erinnerst Du Dich an das Gemälde, das ich gezeichnet habe, um mit der nächsten Panikattacke fertig zu werden? Erinnerst Du Dich, was ich am nächsten Tag mit dem Bild gemacht habe? Ich habe es weggeschmissen. Warum? Weil Du keine zusätzlichen Dinge benötigst, die Dich daran erinnern, dass Du "nicht in Ordnung" bist. Ich denke, dass jeder, der unter Panikattacken gelitten hat, davon träumt, eine partielle Amnesie zu bekommen und diese Erinnerung aus seinem

Kopf auszuradieren. Selbst wenn er bisher nur eine einzige Panikattacke hatte, verändert diese grundlegend die Art und Weise, in der er jede nachfolgende Situation erlebt. Er wird unbewusst, aber kontinuierlich die Möglichkeit einkalkulieren, diesen Zustand erneut zu erleben und sein Leben so gestalten, dass die Chancen, dass es wieder geschieht, ziemlich gering sind. Dies ist extrem zeitaufwändig und endlos einschränkend. Aber das Schlimmste, was Du machen kannst, ist, sich jeden Tag den Gedanken in Erinnerung zu rufen, dass Du unter Angstzuständen und Panikattacken leidest. Während ich nach Informationen zu diesem Thema im Internet recherchierte, stieß ich auf Geschichten von Dutzenden von Menschen, die mir Hoffnung und Bestätigung gaben. Foren, Websites, Themen, soziale Medien - ich hatte das Gefühl, Teil eines großen Ganzen zu werden, als ich mit diesen Menschen kommunizierte. Sie hatten alle mein Problem, jeder hatte täglich mit Panikattacken zu kämpfen, jeder wollte wissen, was dagegen hilft, was nicht, und teilte es mit den anderen, die Hilfe brauchten. Ich stand jeden Morgen auf, verschlang die neuen Beiträge mit großem Eifer, dennoch war das einzig Ausschlaggebende für meine Heilung.... dass ich damit komplett aufhöre.

Damit man wieder gesund werden kann, muss man sich in erster Linie erlauben, wieder gesund zu werden. Sich erlauben, zu "vergessen". Panikattacken und Angststörungen sind psychosomatische Störungen und daher eine Frage der Gewohnheit. Ich erinnere mich daran, dass ich ständig eine Papiertüte in meiner Tasche trug, um mich abzusichern, dass ich atmen kann, sollte es wieder passieren. Ich habe sie nach zwei

Wochen weggeschmissen. Du brauchst keine Erinnerungen, dass alles wieder zurückkommen könnte. Wenn Du tagtäglich über Panikattacken liest, schreibst, mit Menschen kommunizierst, die Dir ihre Symptome so detailliert mitteilen, dann bleibt dieses Thema lebendig in Deinem Leben und hat keine Chance zu gehen. Um ganz ehrlich zu sein, könnte dieses Buch ein Jahr früher herausgegeben worden sein, wenn ich mir nicht so lange Pausen zwischen den Zeiten genommen hätte, als ich daran schrieb. Schon am Anfang des Buches, als ich sehr begeistert und enthusiasmiert daran schrieb, bemerkte ich, wie sich meine geistige Gesundheit verschlechterte. Ich bekam einige Symptome wieder, die ich im Laufe der Zeit vergessen hatte, während ich darüber schrieb. Und dann erinnerte ich mich, warum ich radikal aufhörte, Foren und Gruppen für Panikstörungen zu besuchen, nämlich weil ich erkannte, dass es dort hauptsächlich Menschen gibt, die krank sein wollen. Viele schrieben „Ich sterbe, Horror, helft mir, sagt mir, welches Medikament ich nehmen soll. Bitte, helft mir!" Sie bekamen viel Aufmerksamkeit und Bestätigung von anderen, Antworten, Ratschläge, aufrichtige Fürsorge und zehn Minuten später hieß es wieder: „Ohhh, es passierte nicht, Gott sei dank! Aber sagt mir bitte noch mal was ich dagegen nehmen soll". Am nächsten Tag wiederholte sich alles von vorne. Immer wieder bis ins Unendliche. Die Ratschläge? Völlig sinnlos. Einige dieser Leute wollten nur Anerkennung. Lerne den Archetypus "Opfer" kennen - eine Person, die bemitleidet werden möchte, deren Gesundheit und Zufriedenheit davon abhängt, wie viel Feedback sie von Außen bekommt. Eine Person, die nicht wirklich will, dass es ihr besser geht. Sie findet ihre Berufung darin, anderen zur Last zu fallen, entwickelt aber andererseits Altruismus, was ein Plus ist. Diese Leute störten mich, und meine Versuche denen zu helfen, hinderte sie ebenfalls daran, gesund zu werden.

So gefühllos dies auch klingen mag, ich wollte mich nicht verausgaben und meine unkonventionellen Methoden mit ihnen teilen, weil sie einfach nichts in Richtung Heilung unternahmen. Sie wollten einfach eine Pille schlucken und damit okay sein. Oder sie waren so an ihren unglücklichen Zustand gewöhnt, dass das Gefühl, sich gut zu fühlen, bereits anormal war. Sie hatten ihre "Komfortzone" bereits in der ständigen Abwesenheit dieser gefunden. Es mag unlogisch klingen, aber dies existiert als Prinzip in der Psychologie. Die Angst vor der Idee des Wandels ist so lähmend, dass man lieber dort bleibt, wo man ist, auch wenn das ganz weit weg vom Leben ist, das man wirklich führen möchte. Jeder behauptet: "Ich möchte glücklich sein! Ich möchte eine Veränderung in meinem Leben!", dann sagst Du ihm was er zu tun hat, und in seiner Reaktion erkennst Du, dass er es nicht mehr will. Niemand will etwas ändern, niemand möchte wirklich glücklich sein. Jeder erwartet, dass es leicht wird, und wenn dies nicht der Fall ist, wenn es mit harter Arbeit verbunden ist, wenn Du wegen einer lächerlichen Panikattacke ein ganzes Buch lesen musst und feststellst, dass Du Deine Lebensweise fundamental ändern musst, dann gehst Du direkt in die Apotheke. Einfach und schnell. Aber die schnelle Arbeit, sagt das bulgarische Volk, ist eine Schande für den Meister. Jede einfache Lösung ist nur eine Verschiebung, aber kein Ende des Problems. Ein "Aufkleber auf dem leuchtenden Schild auf dem Armaturenbrett"...

Die andere wichtige Sache, die Du beachten solltest, ist, dass es am Ende des Tages niemanden gibt, der Dir helfen kann. Niemand ist dazu verpflichtet, für Dich zu sorgen, Dich immer und um jeden Preis zu lieben und in schwierigen Momenten Dein Unterstützer zu sein. Und ja, es ist schön, wenn das so wäre, aber auf keinen Fall muss diese Person das für Dich tun. Niemand wird Dich retten, denn niemand kann Dich retten. Niemand kann die Konflikte in Dir lösen, vor allem weil er an seinen eigenen arbeiten muss. Wir Menschen klammern uns an unsere Ärzte, spirituellen Lehrer, Partner und all die Menschen, bei denen wir uns einst gut fühlten, und wollen, dass es ewig hält. Aber Du kannst nicht Dein Glück von der Gegenwart einer bestimmten Person in Deinem Leben abhängig machen. Gesund und glücklich zu sein, ist eine Entscheidung, die unabhängig von äußeren Umständen ist, die wir alle für uns treffen sollten. Also höre auf Opfer zu spielen, steige ab vom hohen Thron und gib den lauernden feuerspuckenden Drachen da draußen einige Tritte in den Arsch. Das hat ein kleiner Prozentsatz der Leute in den Internetforen getan. Diejenigen, die kontinuierlich am Problem arbeiteten, waren die einzigen, die dort fehlten. Diejenigen, die jeden Tag auf der Suche nach einer magischen Lösung mit dem Zauberstab waren und murmelten, ohne an diesem Thema arbeiten zu wollen, waren die Menschen, die irgendwie Trost und Sinn in einem solchen virtuellen Leben fanden.

Nun, ich habe mich entschieden, zu den Ersteren zu gehören. Ich stieg aus und unterbrach fast jede Verbindung mit der "Krankheit", ohne mich dabei schuldig zu fühlen. Mein einziger Kontakt zur Panikattacke besteht darin, dieses Buch zu schreiben, aber ich schaffe es, mein Denken in eine andere Richtung zu lenken, wenn ich es für notwendig halte.

MEDITATIONS- UND ATMENTECHNIKEN

Dies ist der Teil des Buches, der nach dem Lesen, Verstehen und Anwenden in Deinem Leben ausreicht, um Panikattacken und möglicherweise viele andere Dinge wie Stress, Mangeldenken und Selbstverleugnung zu beseitigen. Es ist kein Zufall, dass das Wort *Meditation* immer populärer wird - im Fernsehen, in Selbsthilfebüchern oder bei Gesprächen unter Freunden und Bekannten. Es ist wie eine Art Generationsfrage oder eine Art Mode, ich habe keine Ahnung, aber ich kann nicht leugnen, dass ich mit der Tatsache sehr glücklich bin, weil es die Praxis ist, die mich gerettet hat. Zusammen mit all den Dingen, die ich bisher aufgeführt habe, verdanke ich der Meditation den größten Part meiner Heilung. Ein Grund dafür war die große Menge an Beweisen, die ich fand, dass Panikattacken, Angstzustände und sogar Depressionen nur mit Meditation erfolgreich behandelt werden können. Ich mag nun wie ein durchgeknallter Hippie klingen, aber ich bin nicht dumm. Ich gehe nach den Fakten. Es stellte sich heraus, dass die besagte Amygdala, die für die Freisetzung von Adrenalin im Blut verantwortlich ist, ihre "Standardgröße" bei Menschen der "neuen technischen Generation" erhöht hat. Besorgniserregend. Wenn etwas im Körper wächst, bedeutet es, dass es von etwas gefüttert wird, in dem Fall ernährt sich die Amygdala von Stress und Angst. Interessanterweise haben Menschen, die verschiedene Atem- oder Meditationstechniken anwenden, eine Amygdala mit normaler Größe - sie wird einfach kaum benutzt. Sie scheinen ohne Angst zu leben. "Wieso ohne Angst?" Genau, ganz ohne Angst. Denn die

Praxis der Meditation gibt denen das Gefühl von Ruhe und Vollständigkeit, dank des hohen Bewusstseins und der Verbindung mit dem unsterblichen inneren Selbst.

Wenn Du jedoch zu weit weg davon entfernt bist und Du nicht bereit bist, beginne mit den täglichen Pseudomeditationen, wie ich sie gern nenne. Nicht weil sie keine echten Meditationen sind, sondern weil sie eine leichtere Version des "Originals" sind. Vielleicht bist Du gar nicht der Yoga- und Meditationstyp. Vor allem, wenn Du Dich plötzlich in einem ruhigen Raum voller fremder Menschen ertappst, die immer lächeln, ewig charismatisch und standhaft sind, sich wie auf Wolken bewegen und mit ihren Körpern Formen bilden, die scheinbar nicht den physikalischen Gesetzen unterworfen sind. Anstatt Gemütlichkeit und inneren Frieden zu spüren, verursachen diese Praktiken unvorstellbare Geräusche in Deinem Kopf und ein Gefühl von "etwas Falschem". Es passt einfach nicht zu Dir oder vielleicht magst Du nicht von anderen Menschen umgeben sein. Für manche, wie mich, ist es einfacher, alleine zu beginnen. Ich begann zu "meditieren" während des Kochens. Wenn Kochen kein Zwang ist, kann es eine der besten Möglichkeiten sein, sich auszuruhen. Nimm Dir Zeit, um die Tomaten und Gurken für den Salat in perfekte Würfel, die Kartoffeln in perfekte Halbmonde zu schneiden. Spiele mit den kleinen Erbsen und lasse Deiner Fantasie freien Lauf. Verziere die heiße Cremesuppe etc. Erwärme die Schokolade in einem Wasserbad und dekoriere den Nachtisch - und vor allem, bevor Du völlig verhungerst, konzentriere Dich nicht so sehr darauf, wie professionell Du kochst, sondern mit welcher Emotion Du alles ausführst. Lausche dem Geräusch des Schneidens der roten Paprika, dem sprudelnden kochenden Wasser auf der heißen Platte, gebe Dich vollständig Deiner momentanen Handlung hin, gehe darin auf, mache es nicht einfach mechanisch. Sogar der Geschirrabwasch kann zu einem idealen Stressventil werden, da das Wasser viel mehr abspült als Du denkst. Auch Deine negativen Emotionen. Duschen ist in der Tat auch keine schlechte Idee, solange Du den gleichen Regeln folgst – konzentriere Dich auf alles. Schaue Dir direkt die Wassertröpfchen an, wie sie Deine Haut berühren. Fülle die Badewanne und tauche kurz unter Wasser vollständig in diese Zeit- und Schwerelosigkeit ein. Verliere den Kontakt zu allem, was Du aus der physischen Welt kennst. Wenn Du Dich auf diese Dinge konzentrierst, musst Du nicht an etwas anderes denken, da Dein Gehirn immer bereit ist, Dich mit mindestens zwei Nichtigkeiten abzulenken, über die Du gerade gar nicht nachdenken möchtest. Der Trick besteht darin, es auszutricksen, es nicht Entscheidungen für Dich treffen zu lassen. Sobald Du das Badezimmer verlassen hast, kannst Du das Routinetrocknen und -ankleiden ebenfalls in ein Meditationsritual verwandeln. Alles, was Dein Auge und Deine Sinne erfreut, ist eine Art Meditation, denn es stoppt die Zeit und lässt Dich in diesen Moment aufgehen. Wie wenn Du Dich zum ersten Mal am Duft einer Blume für Sekunden mit geschlossenen Augen erfreust. Alles, was Dich von diesem "Hier" trennt, schickt Dich zu diesem "Dort" - zu dem Ort der Abgeschiedenheit und Ruhe, an dem es keine Probleme gibt. Mit dem gleichen Erfolg kannst Du Wäsche waschen, bügeln und sogar putzen, solange Du Deine

Einstellung gegenüber diesen Tätigkeiten änderst. Der nächste Schritt ist, aus Deinem bequemen, sicheren Zuhause herauszukommen. Ein einfacher Spaziergang durch die Straßen der Stadt wird keine gute Arbeit leisten, er wird Deinen Geist noch weiter in alle Richtungen entfesseln, was möglicherweise nicht einmal eine gute Wirkung auf Dich hat. Besuche lieber einen Park, einen Kindergarten mit offenem Innenhof oder einen Kinderspielplatz. Eins der erfrischendsten Dinge, die man tun kann, ist wenn man auf der Bank sitzt und Kinder beim Spielen beobachtet. Das versetzt Dich in eine einfachere Zeit als Dein eigenes Leben, und nicht einmal ein wackliges Knie, geschweige denn etwas anderes, kann Dir schlechte Laune bereiten. Laufen, Springen, Klettern, Skaten, Tauchen, pure, echte Emotionen - alles wird mit dem Kind in Dir in Resonanz treten und Deinen Tag sofort verändern. Wenn Du Tiere liebst, gehe in einen Zoo. Besitzer von Vierbeinern treffen sich oft nach der Arbeit und werden vom weiten erkannt. Eine Gruppe lächelnder Menschen mit Hundeleinen in der Hand, die sich gegenseitig erklären, welche Befehle sie ihrem Hund beigebracht haben und wessen Hausschuhe es diesmal zerfetzt hat. Solche Geschichten sind immer witzig (vor allem, wenn sie nicht Dir passiert sind). Zu beobachten, wie Hunde zusammen Spaß haben, wie sie sich nicht aufgrund von Größe oder Rasse gegenseitig diskriminieren und den Hals ihres Besitzers vollsabbern, ist beinahe mit dem Anschauen kleiner Kinder auf dem Spielplatz vergleichbar. Weil Hunde ewige Kinder bleiben, und uns tagtäglich zu dem zurückholen, was wirklich wichtig ist – das Ausleben jeden Augenblicks. Weil wir es vergessen. Wir vergessen alles, woran wir uns erinnern sollten, aber erinnern uns an Dinge, die für uns nicht wichtig sind, wozu uns die ganze Welt zwingt.

Falls Du keine Zeit für dieses oder jenes dieser Dinge hast und einen einfacheren und sichereren Weg zum Nachdenken brauchst, lass jemanden für Dich denken. Dafür ist Fernsehen gut, aber ich kann es auf keinen Fall empfehlen. Tauche lieber in die Gedanken Deines Lieblingsautors ein oder lies ein Abenteuerbuch. Es erfordert Zeit, Konzentration, Aufmerksamkeit und entwickelt die Fantasie besser als alles andere. Es gibt unzählige Aktionen, die Dir helfen und die Du täglich aber mechanisch tust. Überdenke sie und setze Dir ein neues Ziel, damit sie für Dich arbeiten können. Ich weiß, dass dies keine wirkliche Meditation ist, aber es kann zu gleichen Ergebnissen führen, wenn nicht zu besseren Ergebnissen, daher ist es zumindest einen Versuch wert. Wenn Du Dich jedoch auf den „real deal" vorbereiten möchtest, musst Du die Meditation als Technik gut kennenlernen. Ich erinnere mich daran, dass es nicht meine erste Begegnung mit Meditation war. Weil ich davor den Buddhismus aus reiner Neugierde erforscht hatte. Im Laufe der Jahre ist es mir zur Gewohnheit geworden, verschiedene Religionen zu studieren, um nach dem verbindenden Element zwischen ihnen zu suchen. Ich glaube, dass die ultimative Wahrheit existiert, und dass sie die Grundlage jeder esoterischen oder religiösen Lehre ist. Es ist nur eine Frage der Zeit und konzentrierter Arbeit, das Unnötige zu beseitigen, damit das Wesentliche in seiner vollen Reinheit und Kraft zum Ausdruck kommen kann. So wurde mir klar, dass Meditation eine dieser grundlegenden Praktiken ist, die überall vorhanden sind, aber manchmal in verschiedenen Formen oder mit unterschiedlichen Namen. Du hast beschlossen, meditieren zu wollen. Hast darüber gelesen, Vertrauen gefasst, Dich mental darauf eingelassen, dann fange endlich damit an! Die meisten Menschen, die keine Erfahrung mit Meditation haben, so ging es mir zumindest, spüren leichtes Misstrauen und Vorurteile. Du nimmst die Lotoshaltung ein oder machst einen erbärmlichen Versuch der Lotoshaltung, wo beide Füße fast nach oben zeigen sollten. Dies ist wahrscheinlich schier unmöglich, denn Dein Körper ist durch falsches Sitzen garantiert etwas deformiert. Du atmest tief ein und tief aus, atmest ein – atmest aus. Anfangs fühlte ich mich persönlich nach drei oder vier Atemzügen ziemlich lächerlich, obwohl ich allein in meinem Zimmer war. Ich glaubte immer noch an den wohltuenden Einfluss dieser Praxis, aber ich hatte noch das Gefühl, etwas zu tun, von dem ich nicht wusste, wie es geht. Nun, da ich weiß, dass es Fortschritt gibt, wenn Du Dir Zeit lässt, kann ich Dir nur raten, das Gefühl oder die Stimme in sich zu ignorieren, die zu Dir sagt: "Hey, mit paar Pillen geht es Dir besser. Wirst Du jetzt plötzlich ein Mönch sein? Komm auf den Boden zurück, das ist nicht normal!" Diese Stimme wird während der ersten Meditationen stark sein, aber wenn Du wieder auf Deine Atmung hören kannst, verläuft alles nach Plan. Letztendlich werden die zwanghaften Urteilsstimmen im Hintergrund abstumpfen, und Du wirst eine völlig neue Welt entdecken - Deine innere Welt.

Befreie Dich von dem Gefühl, dass Du etwas falsch machst. Alles kommt mit der Zeit, Du wirst nur lernen, was für Dich funktioniert und was nicht, wenn Du es Dir selbst gibst. Wenn Du mit Dir selbst sitzt und die Augen schließt, musst Du nichts Konkretes tun, um "richtig" zu meditieren. Ja, es gibt einige Techniken: Handflächen auf den Knien, in einer bestimmten oder in geöffneter Position, die Zungenspitze berührt den Gaumen direkt hinter den Vorderzähnen, und der Mund ist entspannt und leicht geöffnet, die Muskeln werden ganz gezielt nacheinander entspannt, Konzentration auf dem Atem und ein paar andere Dinge. Das bedeutet jedoch nicht, dass Du für drei Bushaltestellen nicht direkt im öffentlichen Verkehr meditieren könntest. Meditation ist mehr eine Geisteshaltung und Abstraktionsfähigkeit von der Umgebung, in der Du Dich befindest. Wir Menschen erleben Angst und Sorgen nur dann, wenn wir über die Vergangenheit oder die Zukunft nachdenken. Wir verleihen der Vergangenheit eine unrealistische Kulisse, machen sie magisch und wundervoll und malen uns die Zukunft schwarz oder weiß aus, weil wir nie wissen, was los sein wird. Genau an der Stelle, im jetzigen Moment finden Meditation und Konzentration statt. Du lernst, an der Gegenwart teilzunehmen, ohne in die Vergangenheit oder die Zukunft abzudriften. Die positiven Folgen der Meditation und die Verwirklichung von "Ich bin nur hier und jetzt und nichts anderes ist wichtig" garantieren Dir neben einem Leben ohne Panikattacken auch ein Leben, das in der Regel keiner Selbstaufopferung ausgesetzt ist. Um diesen Punkt und dieses Verständnis zu erreichen, sind jedoch Disziplin und tagtägliche Aktivitäten erforderlich. Du kannst es theoretisch nachvollziehen, aber wenn etwas Schlimmes passiert und Du wieder in den alten Panikmodus kommst, wirst Du verstehen, dass Du nichts gelernt hast. Am Anfang brauchst Du möglicherweise auch einen Mentor. Ich persönlich bevorzuge die geführte Gruppenmeditation, weil es für mich einfacher ist, sich auf die Stimme einer anderen Person zu konzentrieren, anstatt die eigenen unzähligen Stimmen im Kopf auf dreihundert Fronten zu bekämpfen. Andere spirituelle Praktiken sind Paneurhythmie oder die Atemtechniken vom „Meister" Peter Danov. Ich habe großen Respekt vor der Arbeit des Meisters Danov, und erinnere mich genau an eine meiner Panikattacken, die ich unter der Decke in meinem Bett erlebte, während mein Freund einen Text von Danov las, der die richtige Atmung beschrieb. Es war noch am Anfang und ich wusste nicht, was ich tun sollte. Mein Körper zitterte, schüttelte, schauderte, schlotterte auf meinem Bett und ich dachte, ich würde jeden Moment sterben. An demselben Tag hatte ich diesen Text gelesen und nun las ihn mir mein Freund wieder vor, bis die Panikattacke vorüber war. Es war schwierig, schmerzhaft und erschreckend, aber ich hörte genau zu, sah zu und folgte den Anleitungen. Nach dem Vorfall gewöhnte ich mir das tiefe Atmen als natürliches Stressabbauprinzip im Alltag. Das einfache, tiefe und bewusste Atmen tut so viel! Die Meditation ist im Wesentlichen etwas einfaches, was wir verkomplizieren. Ich erinnere mich daran, dass ich, während der Meditation viele Dinge an mir entdeckte und erkannte. Ich habe gemerkt, wo mich mein Denken hinzerrt und welche Empfindungen auf mich zukommen. Sie waren von irgendeiner Art. Manchmal fühlte ich Wärme und Geborgenheit, eine intensive, beständige Liebe. In anderen Momenten fühlte ich Angst und Verzweiflung, als würde alles vor meinen geschlossenen Augen jeden Moment zusammenbrechen, und ich hatte den starken Impuls, sie zu öffnen und den Raum um mich herum zu spüren, um sicher zu gehen, dass ich keiner Gefahr ausgesetzt bin, aber ich tat es nicht, weil ich wusste, dass dies der Weg ist, um mich selbst zu finden und meine Probleme zu lösen. Nach den ersten Meditationen fühlte ich mich mehr erschüttert als nach einem glückseligen Nirvana. Die Meditation ist keine Erholung, sie ist intensive Selbstbeobachtung. Wenn Du Panikattacken hast, d.h ein Symptom, dass Du die richtige Richtung in Deinem Leben verloren hast, ist es sehr wahrscheinlich, dass die Meditation nicht angenehm wird, zumindest anfangs. Aber dann erkennst Du, dass Du erneut Angst vor dem Gedanken haben könntest, vor einer bewusst provozierten, unnötigen Angst zu stehen. Du kannst den Prozess stoppen oder eine Katharsis erleben, und wirst Dich als komplett ausgewechselt danach fühlen. Mir ist ein sonniges Wetter nach einem Hurrikan sicher lieber als ein Leben, in dem jeden Tag ein leichter Nieselregen und ab und zu ein Sturm ausbricht. Ich hatte keine Zeit mehr für Panikattacken, die alle meine Pläne verwirren. Ich wurde langsam nervös durch die Tatsache, dass diese Zustände und die folgenden besorgniserregenden Gedanken mich meiner Lebenszeit und -qualität beraubt haben. Tief in mir selbst wusste ich, dass ich eine wichtige und dringende Mission hatte (obwohl ich nicht genau wusste, was es genau war) und dass mir eine bestimmte Lebenszeit hier auf Erden geschenkt wurde. Ich fühlte, dass ich mich auf diese Weise nur selbst sabotiere. In meiner Wut zwang ich mich zu den Dingen, vor denen ich mich unfähig oder schwach fühlte. So gelang ich hierher...

NEUES LEBEN

Erinnerst Du Dich an dieses *X*, nach dem wir zuerst gesucht haben? Es ist an der Zeit, tiefer zu graben und zu versuchen, es in Deinem eigenen Leben zu finden, weil ich es nicht für Dich tun kann. Deine Panikattacken werden nicht durch Sauerstoffmangel verursacht. Dies ist nur einer der physiologischen Gründe. Sie kommen auch nicht wenn Du eine Pizza isst, dies ist nur die Matrix, die Dein Gehirn aufgebaut hat. Fange an noch etwas tiefer zu graben und vielleicht wirst Du herausfinden, wo der Hund begraben liegt. Ich erkannte auch, dass es keine schlechte Idee ist, die Menschen, die Dich am besten kennen, zu fragen, was sie in Deinem Leben für falsch halten. Bitte sie, aufrichtig mit Dir zu sein und frage sie: "Wo irre ich mich? Gibt es etwas, von dem Du denkst, dass es falsch ist, aber Du sagst es mir nicht aus Angst, dass ich mich dabei schlecht fühlen könnte?" - weil Du Dich bereits schlecht fühlst und einige Leute sehen, was los ist, aber sie haben entscheiden, dass es nicht ihre Aufgabe ist, und sie lassen Dich in Ruhe.

Die Grenze zwischen Freiheit und Gleichgültigkeit ist sehr fließend, daher hat Shakespeare gesagt: "Cruel, only to be kind". Bitte Deine Lieben, mit Dir hart zu sein. Die werden Dich dazu bringen, dorthin zu schauen, wo Du es vielleicht niemals vermutet hast, oder noch schlimmer - die ganze Zeit hattest, hinzuschauen.

In meinem Fall musste ich feststellen, dass ich mit falschen Vorstellungen von meinem gegenwärtigen Leben lebte. Ich hatte in der Kommunikation mit meinen Mitmenschen mit Windmühlen gekämpft, was ich nur tat, weil ich sie wirklich liebte. Es war schon zwingend notwendig, so schnell wie möglich an meiner Lebensvision zu arbeiten und allen unnötigen Ballast von mir abzuschütteln, sonst hätte ich meine Gesundheit ruiniert. Meine Komfortzone war tatsächlich zu einer Zone des ständigen „Diskomforts" degradiert, aber ich riss mir die Haare aus, und glaubte fest dabei, dass, wenn man mit dem Kopf gegen die Wand schlägt, sie irgendwann doch fallen wird. Aber das geschah nicht, und all diese Energie hatte eine verheerende Wirkung auf mein Nervensystem, obwohl ich dachte, dass alles in Ordnung sei. Und das passiert ständig und nicht nur mit mir. Es geschieht, weil wir uns von unserer Natur und von unserem natürlichen Pfad entfernen. Das passiert, weil wir fremde Ideale verfolgen. Weil wir Menschen in den Großstädten unter dieser neuen Existenzgeschwindigkeit leiden. Wir leiden unter der Veränderung der Umwelt und unsere Anpassung daran ist schmerzhaft und nicht schnell und effektiv genug. Wir leiden, weil niemand uns zeigt, dass er gerade das Gleiche durchmacht. Du denkst, Du seist "kaputt", wenn Du feststellst, dass Du nicht gut in diese Gesellschaft passt, in der die 9-17h-Sklaverei alle lebenswichtigen Kräfte aus Deinem Körper saugt. Wenn Du Dich umschaust, wie alle Deine Mitmenschen gehorsam weitermachen und sich nicht beschweren. Wenn Du etwas sagst, bekommst Du dieses "Raff Dich zusammen". Du weißt zwar nicht, was damit gemeint ist, aber tust es ganz brav. Du klammerst Dich daran und beteiligst Dich weiterhin aktiv am Teufelskreis, der Dich früher oder später, meistens nach vielen Jahren, ausspuckt, und Du landest auf einem Bett, weil Du nicht mehr arbeitsfähig bist. Nun, Du bist auch nicht mehr lebensfähig.

Aus diesem Grund musst Du für Deine Panikattacken aufrichtig dankbar sein, da sie Dich vorzeitig aus diesem endlosen Teufelskreis rausziehen. Sie verpassen Dir eine Ohrfeige, damit Du endlich anfängst, an Deine Gesundheit, Deinen Verstand und Dein Leben zu denken. Ich denke, die Panikattacke ist die "leichte Form" von Krebs. Auch hier werden viele Leute meinen dummen Spruch verärgert verurteilen, aber ich glaube, dass der Krebs im menschlichen Körper auftritt, wenn die Giftstoffe darin zu hohe Grenzen erreichen. Und Giftstoffe im Körper gelangen nicht nur auf herkömmliche Weise durch schlechte Nahrung, toxische Umgebung und ungünstige äußere Einflüsse dorthin, sondern sie sammeln sich durch unangemessene Zurückhaltung von Emotionen wie Liebe und Traurigkeit, zusammen mit der fortschreitenden Anhäufung lähmender Angst an. Die moderne Medizin verwendet das Wort *Stress*, wenn sie diese Gründe in einem verzweifelten Versuch beschreiben will, um sich nicht zu diskreditieren. Aber Stress ist nichts anderes als negatives Denken und Angst.

Angst kann Dein Freund sein, aber sie kann auch Dein größter Feind sein. Angst ist immer irrational. Wenn Du sie konstruktiv einsetzen möchtest, musst Du sie mit offenen Armen willkommen heißen und sie Dich vollständig verschlingen lassen - genau wie die Panikattacke auch. Dann hat sie keine Kontrolle über Dich, weil ... Du keine Angst mehr hast. Du verstehst also, dass sie nie wahr war. Es war schon immer ein Denkmodell, das für ganz andere Zwecke geschaffen wurde, hauptsächlich für Geld und Macht, nicht aber fürs

Glück. Heile jemanden von seinen Ängsten und er wird frei. Du kannst einem freien Menschen kaum vorschreiben, was er tun soll, weil Du ihn mit den Folgen seines Ungehorsams nicht erschrecken kannst. Deshalb existiert die Angst auf der Erde - als Dirigent für die Kontrolle der Massen. Aber Du kannst Dich dafür entscheiden, Dich nicht kontrollieren zu lassen. Du kannst beispielsweise Deinem Chef souverän sagen: "Ich brauche Dich nicht. Ich kann mehr als das tun." Du kannst Deinem Partner versichern, dass das "Glätten von Dingen" zu Ende ging, als Du weinend auf dem Boden fielst und die Gegenreaktion gleich Null war. Du kannst Deine Macht-Mutter anrufen und ihr offen erklären, dass es schade ist, dass Du nicht so wie sie bist, aber es ist Zeit zu erkennen, dass Dein Leben Dir gehört und keinem anderen. Oder sag Deiner besten Freundin, dass Du alles weißt, was sie redet und tut, aber von Dir verbirgt und daher musst Du "Tschüss" sagen.

Du musst nichts davon dulden. Niemand muss etwas ertragen, das er nicht leiden will. Es gibt immer eine Lösung, aber manchmal schauen wir nicht in die richtige Richtung. Die Welt wird nicht enden, wenn Du Deinen Partner verlässt - offensichtlich war er nicht für Dich bestimmt und Ihr beide habt Eure Lektionen schneller als erwartet gelernt. Punkt, Ende, es ist außer Deiner Kontrolle. "Und der Job? Wie soll ich den Job aufgeben? Und, Geld – von wo?" Glaubst Du wirklich, Du bleibst auf der Straße?

Anstatt über die negativen Folgen nachzudenken, beschäftige Dich lieber mit konstruktiven Fragen wie: "Wie kann ich mein Leben jetzt verbessern?", "Wo liegt meine Stärke?", "Was wollte ich schon immer machen, habe aber Angst davor?". Einige

Antworten geben Dir den ersten Schub, solange Du wirklich bereit bist, Dich zu verändern. Denn es gibt zu viele Leute, die jammern und behaupten: „Ich will glücklich sein", aber sofort aufgeben, wenn Du ihnen sagst, was sie dafür opfern müssen. Denn oft lautet die Antwort: "Alles!". Manchmal muss man eben alles loswerden, was Dich in der Vergangenheit unglücklich gemacht hat. Es ist also an der Zeit, einen Rückblick zu wagen und den Moment zu erkennen, an dem die Panikattacken zum ersten Mal aufgetreten sind. Suche nicht dort nach ihrer Ursache, sondern in den letzten Monaten, manchmal Jahren vor den ersten Anfällen. Dann, damit sie sich manifestiert, ist der Körper an seine Grenzen gestoßen. Er kann dabei sehr schweren, noch unbewussteren Stress lange aushalten. Wenn Du meinst, Du hättest das giftige Element gefunden, sei es eine Person, eine Beziehung oder die Umstände, versuche, für einen Moment aus deren Reichweite zu geraten und zu sehen, wie Du Dich fühlen wirst. Nur so findest Du Deinen Weg wieder.

DISZIPLIN UND GLAUBE

Bis jetzt hast Du von mehr als zehn Behandlungsmethoden von Panikstörungen erfahren. Wenn Du sogar nur ein Drittel davon umsetzt, wirst Du wahrscheinlich eine große Veränderung beobachten. Nicht nur in Bezug auf Deine Angstzustände und Anfälle, sondern auch allgemein wird sich Deine Lebensqualität verbessern. Du brauchst Zeit, vergiss es nicht! Du kannst anfangen und sich nach der ersten Woche gut fühlen, aber hörst Du mit allem auf mit der festen Überzeugung: "Darauf habe ich gewartet! Alles ist vorbei!", ist es gut möglich, dass die Symptome wieder auftreten. Dies ist ein Prozess, in dem Du Deine gesamte Welt neu arrangierst. Es kann nicht von heute auf morgen passieren. Du brauchst etwas Zeit, um mit Deiner neuen Heilungsroutine synchron zu werden.

Wenn es Dir gut geht, isst Du bis zum Platzen, treibst kein bisschen Sport, tust was Du willst, rauchst, trinkst, und wenn Du irgendwann auf dem Krankenbett liegst, kannst Du nicht mal ein Bissen in den Mund nehmen. Versuche, die Erinnerung an die Panikattacke als rotes Licht im Kopf zu behalten, so dass Du die Zeit verlängerst, in dem Du die Dinge durchführst, die Du für Dich geeignet gefunden hast. Und lass uns nicht täuschen - niemand kann für den Rest seines Lebens dasselbe üben. Siehe es als Therapie, eine vierteljährliche Therapie. Ich habe mir selbst so viel Zeit gegeben, um sicherzustellen, dass die Ergebnisse nachhaltig sein werden und mein Körper den Stress abbaut.

Nach dem letzten Tag dieser drei Monate hast Du die Freiheit, alles wegzuwerfen, selbst dieses

Buch, zusammen mit dem Gedanken, dass Du einmal "krank" warst. Wenn Du das wirklich willst und Du das Gefühl hast, dass es richtig ist, dann tue es. Und urteile nicht, Du hast keinen Fehler gemacht. Du wirst auf Deine innere Stimme hören, was von Anfang an das Ziel war. Wenn Du aber nicht auf sie hörst, wenn Du beispielsweise alles ablehnst, um ein Gitarrist zu sein, dann erzeugst Du ein Problem mit Deiner reinen Essenz.

Deswegen ist Disziplin wichtig, aber noch wichtiger ist der Glaube. Nicht zu glauben ist ein Problem. Denn es kann sein, dass Du die richtige Philosophie, die richtigen Techniken und Praktiken für Dich gefunden hast, vielleicht hast Du alles aufgegeben, um Dein Glück zu jagen. Wenn Du Dich jedoch ständig selbst kasteist und Deine eigene Entscheidung in Frage stellst, wirst Du niemals die Früchte Deiner harten Arbeit genießen. Warum? Weil Du nicht daran glaubst, dass dieser Tag kommen wird. Um Dein Leben radikal zu verändern, benötigst Du eine radikale Veränderung Deiner Denkweise. Du musst Dich für das Scheitern öffnen. Du musst die Kontrolle über die Situation loswerden. Du musst anfangen, alles Gute und Schlechte als eine wertvolle Lektion zu nehmen, und vor allem das Ziel im Auge behalten. Egal wie hoffnungslos die Situation auch sein mag, Du musst wissen, dass Du alles gibst und glaubst, dass Du es verdienst. Verwechsle es nicht mit Selbstsucht. Wenn Du nur versuchst, Deine materiellen Bedürfnisse zu befriedigen, führt dies zu nichts.

Die inneren Stimmen sind zwei. Die eine hält Dich hinter Gittern gefangen, aus Angst, und sie sagt Dir, Dinge zu tun, die oft jemandem schaden, aber sie schenken Dir eine flüchtige Freude - wie Rachegefühle, Selbstsucht, Besserwisserei. Die andere Stimme ist das wahre innere Selbst, das Dir die Richtung zeigt und Dich dazu bringt, alles Alte über Bord zu werfen, ohne es jedoch zu verdammen. Aber Vorsicht, nicht dieses: "Ich will Dich nicht in meinem Leben haben, Du verdienst mich nicht, Du taugst nix!" Dafür eher: "Es ist Zeit für Dich und für mich, unsere Berufung zu finden. Ich werde meinen Weg gehen, und hoffe, dass Du alleine gehen und finden kannst, wonach Du suchst." Manchmal ist es schwierig, die Manifestationen der beiden Stimmen voneinander zu unterscheiden, sie klingen gleich und fordern uns heraus. Während die eine uns Liebe und Inspiration schenkt, lädt uns die andere mit negativen Emotionen und der Macht auf, die mit dieser scheinbaren Kontrolle der Situation einhergeht.

Wenn es Dir jedoch gelingt, die Stimmen zu unterscheiden, funktioniert das alles hundertfach schneller und zu Deinem Vorteil. Glaubst Du wirklich, dass das, was Du tust, richtig ist, glaubst Du, dass es nicht nur für Dich funktionieren kann, sondern auch für andere, und erkennst Du, dass es Dein Leben verändern kann und jedem, der direkt oder indirekt "betroffen" ist - dann erreichst Du diesen Moment der Vollständigkeit. Und das Interessanteste ist, dass das gar nichts damit zu tun hat, immer glücklich zu sein. Diese künstlich geschaffene fixe Idee des vollkommenen Glücks wird lange aus Deinem Sinn verschwunden sein, weil Du nicht um jeden Preis "glücklich" sein willst. Du wirst erfahren, dass wahres Glück keine Emotion ist, sondern in der Ruhe liegt, mit der Du den Schwierigkeiten in Deinem Leben begegnest.

GEISTIGES ERWACHEN

Es ist wenig bekannt, dass psychologische Probleme tatsächlich falsch interpretierte Veränderungen sind, die im Körper auftreten, wenn er in eine Übergangsphase eintritt. Wir alle befinden uns gerade in einer Übergangsphase. Wie die Pubertät - jeder kommt zu unterschiedlichen Zeiten da rein, sie ist unvermeidlich. Der Übergang hängt mit dem Zeitalter des Wassermanns zusammen. "Naja, die verrückte Astrologin hat nun eine planetarische Erklärung", denkst Du Dir bestimmt gerade. Ich habe gewarnt, dass Deine Vernunft die Dinge, die in diesem Buch geschrieben sind, ablehnen wird, aber ich beobachte die Veränderung, ich erlebe sie jeden Tag und weiß nicht, welchen besseren Beweis es dafür gäbe. Das Wassermannzeitalter ist ein echter Prozess. Einige glauben, dass es am Anfang des letzten Jahrhunderts begann, andere – mit dem Millennium, und dritte wiederum glauben, dass noch mehr Wasser fließen sollte, bis das Wassermannzeitalter eintritt. Aber meiner Meinung nach war der erste stabilere Schritt in die neuen Ära genau das Geschehene im Jahr 2012. Eine symbolische Apokalypse, nach der die Überlebenden eine neue Existenz beginnen. Wenn wir es jedoch betrachten, hat eine solche langfristige Periode von etwa 25.000 Jahren kaum eine genaue Grenze. Ich persönlich denke, dass wir bereits in die Wassermann-Ära eingetreten sind, aber ziemlich am Anfang stehen und gerade beginnen zu klettern, bis wir den Höhepunkt und die volle Entwicklung der damit verbunden Themen erreicht haben. Du magst eine drastische Änderung noch nicht in Betracht ziehen, aber mit der Zeit wird es immer deutlicher, was genau sich geändert hat und sich auch weiterhin ändern wird. Die Transformation, die wir erleben werden, wird sowohl spirituell als auch physisch sein, da diese untrennbar miteinander verbunden sind, Sicherlich wird uns in dieser Zeit kein zweiter Kopf wachsen, aber es wird andere Änderungen geben. Wir werden langsam die Verbindung zwischen Geist und Materie, zwischen dem Metaphysischen und dem "Realen" erkennen, vor allem aber, dass es keinen Unterschied zwischen den beiden gibt. Dass Krankheiten nicht wirklich existieren und alles, was wir erfahren, das Ergebnis von Ängsten und einer Veranlagung unseres Gehirns zu Denkmustern ist. Die Hauptmethode der Behandlung von Krankheiten wird die alternative Medizin sein, was schon langsam begonnen hat. Im Laufe der Zeit wird dies zu einer Behandlung mit ausschließlich umweltfreundlichen und selbst angebauten Lebensmitteln übergehen. Vielleicht so wie unsere Großeltern lebten. Hat jemand „regressiver Fortschritt" gesagt? Das wäre völlig natürlich, jeder weiß, dass das, was schon gewesen ist, wieder zurückkommen wird, dennoch wahrscheinlich ... leicht verbessert.

Was die Gesundheit und den Höhepunkt der Aquarius-Ära angeht, werden wir meiner Meinung nach irgendwann feststellen, dass wir schon immer gesund waren. Aber es wird Zeit brauchen, und es macht keinen Sinn, jetzt darüber zu sprechen. Es ist ein bisschen wie der Versuch, einer Ameise zu erklären, dass der Baum, auf dem sie lebt, nicht die ganze Welt ist. Sogar ich, die vom allen Geschriebenen hier fest überzeugt ist, kann nicht vollständig von diesem Wissen profitieren, weil ich weiß, dass die Umstellung viel

Zeit erfordert. Sie kann sich sogar als unmöglich erweisen, da sich alles in der Erinnerung unserer Körperzellen und unserer Lebensart bisher befindet. Die Matrix kann nicht immer durchbrochen werden und wahrscheinlich ist es auch nicht notwendig. Wenn das Küken nicht stark genug ist um aus der Eierschale herauszubrechen, wird es einen äußeren Eingriff nicht überleben. Es gibt einen bestimmten Moment für alles und es ist wichtig, diesen Faktor zu berücksichtigen. Die Geschwindigkeit wird uns nicht zu schnelleren Ergebnissen führen, weil einige Dinge, die nicht von uns abhängig sind, sich noch in der Entwicklung befinden und wir auf sie warten müssen. Aber dann gibt es viele Türen, hinter denen wir Dinge finden werden, von derer Existenz wir sogar nie hätten fantasieren können. Es ist sehr wahrscheinlich, dass Kinder in einigen hundert Jahren ohne den Begriff von Krankheit geboren werden, weil so etwas lange nicht existieren wird. Heilungen werden nicht als "Oh, ein Wunder ist passiert!" angesehen. Es wird das Natürlichste schlechthin sein. So wie es jetzt selbstverständlich ist, ein Medikament gegen Kopfschmerzen in der Apotheke zu kaufen, in den vergangenen Jahrhunderten war das aber komplett undenkbar. Die fraglichen Heilungen werden bei manchen durch die Macht des Geistes über die Materie erreicht, bei anderen durch die fortgeschrittene Medizin, die höchstwahrscheinlich "Ersatzteile" für jedes Organ kreieren wird. Wer weiß... Ich lasse nun die Science Fiction diese und weitere Fantasien erschaffen, denn oft erzeugen ihre Visionen die Materialisierung von Ideen in der realen Welt. Die Roboter waren Fiktion, jetzt sind sie Realität. Jetzt aus Metall, später synthetisch, und in Zukunft werden fehlende Körperglieder in einem Labor (oder bei uns zu Hause?) hergestellt. Eine perfekte Nachbildung des Realen. Generell werden ziemlich interessante Dinge kommen, aber ich bin mit diesen Märchen über die Zukunft ziemlich vom Thema abgedriftet. Sie klingen für den zeitgenössischen Menschen genauso verrückt und unglaubwürdig wie die Idee eines Computers für einen Menschen aus dem Mittelalter. Kommen wir zurück zu unserem "Hier und Jetzt".

Für den Moment ist essenziell wichtig, dass wir die Fähigkeit entwickeln, uns zu schützen.

Dazu gehört auch die Erhaltung der Natur, der Tiere und natürlich aller Menschen um uns herum. Bei unserem Versuch, dies zu tun, müssen wir jedoch erkennen, dass dies nicht durch die Pflege von etwas Äußerem, sondern durch die Sorge um uns selbst geschieht. Durch persönliche Verantwortung und symbolisches Handeln in unserer eigenen Geschichte. Wir sind Teil eines großen Netzwerks, und wenn wir als Verbindung kaputt gehen, leiden alle in der Kette um uns herum. Wir müssen versuchen, unsere Manifestationen von Aggression und Unzufriedenheit mit der Welt und den anderen zu verstehen, dass wir nur uns selbst Schaden zufügen und beginnen das einfache "Sei die Veränderung, die Du in der Welt sehen willst" zu praktizieren. Um dies zu tun, dürfen wir nicht nur existierende, dahinvegetierende Wesen sein, sondern bewusste Menschen, die die Emotionen und inneren Motive hinter ihren Aktionen verstehen. Jedes Mal, wenn Dich etwas besorgt, verängstigt oder verärgert, stelle Dir die Fragen: "Was ist der wahre Grund dafür? Kann ich nicht tolerant sein, weil ich glaube, dass die Leute mich für schwach halten würden? Und dann werde ich abgewiesen. Das heißt, ich werde alleine bleiben." Folge dem Pfad jedes Gedankens und beweise Dir das Gegenteil dessen, was Du so schwer glauben kannst, um die emotionale Belastung, die das eigentliche Problem ist, loszuwerden. Ich sage nicht, dass es einfach ist, aber ich weiß, es liegt in der Macht aller, die es wirklich wollen. Der Weg ist hart und lang, aber unvermeidlich. Weil wir alle in einem Fluss sind. Jeder Mensch ist ein Fisch, der in einem separaten Fluss schwimmt, das sein eigenes Leben darstellt. Gegen den Strom zu schwimmen ist gleichbedeutend mit dem Leugnen des eigenen Wachstums, im Gegensatz zu dem, was wir in der Schule unterrichtet bekommen. Dort tun wir unser Bestes, um uns die Dinge schwer zu machen, damit wir ein gutes Ergebnis erzielen. Irgendwann hast Du es aber satt, Dir den Kopf zu zerbrechen und mit Dir selbst zu kämpfen, und Du überlässt Dich dem Fluss des Wandels der Zeit. Du wirst jedoch verstehen, dass das Loslassen nicht eine fabelhafte, passive Erfahrung ohne Streben nach Überleben ist. Sobald Du Dich losgelassen hast, stehst Du vor zwei neuen Optionen – entweder lässt Du die Kontrolle vollständig zu, und wirst nach links und rechts geschleudert oder Du lässt los und floatest im Flow. Im zweiten Fall kannst Du Steine und Wirbelstürme vermeiden. Dies ist alles, was Du über die Natur des Lebens und Deine Rolle darin wissen musst. Um Kontrolle zu gewinnen, musst Du tatsächlich die Kontrolle loslassen, und dies hängt direkt davon ab, wie gut Du im Chaos manövrieren kannst. Ich wollte dieses Buch schreiben, weil ich fest daran glaube, dass Du, der die diese Zeilen liest, extrem dankbar und glücklich für das Erleben von Panikattacken und deren Folgen dankbar sein solltest. Du gehörst zu den ersten Menschen, die die Veränderungen in der Welt bewegen, aus dem einfachen Grund, dass Du Dich bereits innerlich veränderst. Dies ist der Moment der Katharsis, nach dem der Mensch nie mehr derselbe sein wird. Du behandelst Deine Überempfindlichkeit als Schwäche. Die Nichtannahme Deiner Hypersensitivität blockiert ihre positive Manifestation. Denke daran, dass die Revolution mit einer einzigen Person beginnt. Manchmal trifft diese Person eine andere, die denselben Schmerz erlebt. Und wenn zu diesen beiden noch weitere dazu kommen, und der Wunsch nach einem erfüllterem Leben ohne Grenzen und Angst die treibende Kraft wird, erzeugt diese Energie eine globale Transformation. Deshalb krempele Deine Ärmel hoch, denn in Deinem Lebensszenario ist der Held überhaupt nicht das Opfer, im Gegenteil - er ist stärker und widerstandsfähiger, weil er die Dinge anders empfindet. Seine Stärke liegt in seiner großen Sensibilität und Intuition. Dadurch wird er in der Lage sein, in seinem Leben leichter zu manövrieren. Dieser Held bist Du und diese Zustände passieren nur zu Deinem Wohl.

Darwin ergründet seine Evolutionstheorie mit dem Slogan "Survival of the fittest". Und bevor Du beschließt, dass Du als Erster in der Apokalypse sterben wirst – lies es erneut durch. Wer wird überleben? Der Stärkste? Gesündeste? Größte? Fehler. Derjenige, der *am Anpassungsfähigsten* ist. Und wer kann sich am Leichtesten an eine neue Welt mit erhöhter Vibration anpassen, wenn nicht die Menschen, die schon jetzt damit arbeiten können?

Diejenigen, die sich ihres Gefühls- und Energiekörpers bewusst sind, werden Erfolg haben. Diejenigen, die sich um ihre körperliche Gesundheit kümmern, und erkennen, dass sie, ohne den Geist zu heilen, niemals eine vollständige Verbesserung erfahren können. Diejenigen, die sich nicht ausschließlich auf irdische Erfahrungen als Anfang und Ende von allem konzentrieren, was im Universum existiert, sondern ewige Sucher nach Antworten im Unsichtbaren sind. Und egal wie schwer es ist, alle Menschen in Deinem Leben zu konfrontieren, von denen Du glaubst, abhängig zu sein, oder denen Du Dich irgendwie verpflichtet fühlst: Du darfst Dich nicht von ihnen runterziehen lassen. Wenn sie an eine Einstellung, eine Lebensweise und ein Denken gewöhnt sind, und wenn sie das sind, was sie sind, ist es völlig okay. Das bedeutet nicht, dass Du verkehrt bist, wenn Du ihnen sagst, dass Du nicht kannst wie sie, und Du Dich weigerst, in ihrer Reichweite zu sein. Das ist auch völlig okay. Du bist nicht hier, um zu leiden. Aber auch das musst Du selbst verinnerlichen. Das Suchen nach dem Problem bei den anderen ist nur der erste Schritt. Der zweite Schritt ist, sobald Du das Problem identifiziert hast, es nach innen, zu Dir zurückzuholen. Denn eigentlich hast Du weder mit Deinem Chef noch mit Deinem Partner, Deinem Kind oder Deiner Mutter ein Problem. Wenn Du sagst: "Ich kann es nicht ertragen, dass mein Partner mich ständig einschränkt", meinst Du eigentlich: "Ich kann es nicht ertragen, dass ich mich ständig einschränke." Niemand hält Dich nirgendwo fest. Jedes Ding ist tatsächlich eine tiefe psychologische Wunde, und Du darfst weder die Quelle der Wunde noch den Spiegel - derjenige, der sie Dir aufzeigt, oder geschweige denn sich selbst - das kleine Kind in Dir, dafür verurteilen. Du wirst erst dann emotional stark werden, wenn Du damit aufhörst, Dich mit den äußeren Umständen zu rechtfertigen und anfängst, Dich bei denen zu bedanken, weil Du Dich dadurch klarer erkennst. Genauso darfst Du nicht ständig bedauern, dass Du Panikattacken bekommst, denn nur so kannst Du endlich nach innen schauen und anfangen zu tun, was Du wirklich willst. Deswegen habe ich Dir anfangs schon gesagt, dass ich weder Dich von Deinen Panikattacken "heilen" möchte, noch mich selbst. Ich möchte diesen internen Kompass immer haben, der mich alarmiert, wenn ich meinen wahren Weg verlasse. Du musst jedoch unterscheiden zwischen den starken Panikattacken, die oft hintereinander oder im Zusammenhang mit etwas auftreten, was Du in Deinem Leben ändern musst, und den anderen Panikattacken, die aus Angst vor der Angst hervorgerufen werden. Ich wünsche es keinem mit einer Panikstörung zu leben, und ich bin weit davon entfernt zu denken, dass dieser Zustand normal ist. Benutze Deinen inneren Kompass also zum Navigieren und denke daran, dass Dein Standpunkt immer mit der Vorstellung zu tun hat, dass das, was mit Dir passiert, genau das ist, was Du immer wolltest, selbst wenn es in diesem Moment nicht so aussieht. Wenn sie Dich feuern, ist das nicht verheerend, nachdem Du seit Monaten wiederholst, wie Du diesen Job hasst und etwas anderes tun möchtest. Das Gleiche gilt für die Scheidung. Wenn Du Dich auf die schreckliche Erfahrung konzentrierst, wirst Du nie verstehen, dass das, was passiert ist, der erste Schritt Deines Wunsches ist, den richtigen Partner für Dich zu treffen. Auf der unterbewussten Ebene hast Du schon längst damit begonnen, nach einer neuen Person zu suchen, aber in Deinem bewussten Leben bist Du mit Schuldgefühlen überfordert, weil Du und die Menschen um Dich herum damit verraten würdest. Du hast versucht zu glauben, dass Dein Partner der Richtige für Dich ist, aber auf einer tieferen Ebene wusstest Du, dass er es nicht war, und jetzt bereust Du plötzlich, dass das Universum an Deinem Traum gearbeitet hat. Du kannst auf Dauer weder Dich selbst noch das Universum belügen. So verhält es sich mit Deinem Elternsein, mit Deiner Gesundheit, mit der Beziehung zu Deinen Eltern. So ist es mit allem in Deinem Leben.

Du hast die Wahl und sie muss immer mit Deinem inneren Gefühl übereinstimmen, was für Dich am stimmigsten ist. Ich weiß, dass es wie der Gipfel des Egoismus klingt, aber sieh, wie weit Du gekommen bist – Du hast Deinen Körper zur völligen Erschöpfung und Deinen Geist zum absoluten Chaos gebracht. Denkst Du wirklich, dass dies für jemanden von Vorteil ist? Wenn es Deine Wahl ist, andere an erste Stelle zu setzen, warum fühlst Du Dich jetzt wie eine Last für sie, und Du bist sicher, dass sie das gleiche denken? Warum versuchst Du nicht drei Monate lang das zu tun, was Dich wirklich glücklich macht, statt im Mittelpunkt der Aufmerksamkeit zu stehen, unter dem Vorwand des Leidens und der selbstaufopferischen Altruismus? Tust Du denen wirklich einen Gefallen? Hast Du die Kraft, diesen

Schritt zu gehen? Was ist das Schlimmste, das passieren kann, wenn Du ihn gehst? Es gibt zwei Möglichkeiten: zum einen wirst Du erkennen, dass dies die einzige Möglichkeit ist, Dich selbst und die Menschen um Dich herum wirklich glücklich zu machen, und zum anderen wirst Du verstehen, dass dies vielleicht genau das ist, wonach Du nicht suchst. Daher hast Du in beiden Fällen ein positives Ergebnis. Du hast grünes Licht, um das zu tun, was Du möchtest, oder um in eine andere Richtung zu gehen, aber wieder eine andere als Deine vorherige, was offensichtlich nicht funktioniert hat.

Gib Dir Zeit. Vergib allen Menschen in Deinem Leben. Vergib Dir selbst. Umarme das Kind in Dir. Wir bleiben immer Kinder, egal wie alt wir sind. Umarme es und sage ihm: "Alles ist gut, Du musst nicht erwachsen werden. Du musst nicht wissen, was Du tun musst. Du kannst Dir leisten zu weinen. Du bist nur ein Kind und bleibst immer so. Die Welt ist grausam, aber ich bin bei Dir." Kümmere Dich um diesen Teil Deiner Psyche, der leidet und nicht die Kraft hat, weiterzumachen. Erwarte nicht, dass es jemand anderes für Dich tut. Was ist mit seinem eigenen inneren Kind? Glaubst Du, dass er selbst keins hat? Der Mensch wird geboren und in etwa fünfzehn Jahren wird er wiedergeboren - diesmal als Erwachsener. Aber unser Kind bleibt irgendwo lebendig und der Rest unseres Lebens verbringen wir damit, ihm zu gefallen. Wir erzählen uns ständig fantastische Geschichten, damit wir das Heulen in uns lindern können. Wir versuchen uns mit Schokolade und angenehmen Gefühlen zu betrügen, aber das Bedürfnis nach schlichter, purer Aufmerksamkeit gleicht einer bodenlosen Grube in uns. Denn das einzige, was das Kind von uns haben will, ist geliebt zu werden. Und wir versuchen alle Menschen zu finden, die es lieben. Leider gehen sie jedoch früher oder später nacheinander, auch wenn sie es nicht wollen, weil es der Fluss des Lebens ist. Jemand entführt sie - entweder andere Menschen mit einem weinenden inneren Kind oder der Tod. Daher bleibt nur die Option, dass unser "Erwachsener" unser "Kind" umarmt und ihm versichert, dass er es niemals im Stich lassen wird. Dass er immer bei ihm sein, sich um seine Bedürfnisse kümmern und ihn bedingungslos lieben wird. Das erwarte ich von Dir. Passe auf Dich und das Kind in Dir auf, dessen Bedürfnisse endlos erscheinen, aber eigentlich nur alternative Namen für sein wahres Bedürfnis nach *bedingungsloser Liebe* sind.

Und zu aller Letzt - wenn die Frage, die Du Dir beim Kauf dieses Buches gestellt hast, lautete "Wie kann ich meine Panikattacken loswerden?", hast Du inzwischen erkannt, dass sie eigentlich lauten sollte: "Wie nutze ich meine Panikattacken und Ängste, um den richtigen Weg, meinen Weg, zu finden?" Ich habe mein Bestes gegeben, um diese Frage zu beantworten, und ich hoffe aufrichtig, dass es mir gelungen ist. Ich hoffe außerdem, ein Lächeln auf Deinen Lippen gezaubert zu haben, und Dich hoffnungsvoll und zuversichtlich zurückzulassen. Damit der Rest Deines weiteren Lebens mit dieser neuen Perspektive ein außergewöhnliches Abenteuer wird.